Das Schweigen als rechtserhebliches Verhalten im Vertragsrecht

Europäische Hochschulschriften

Publications Universitaires Européennes
European University Studies

Reihe II

Rechtswissenschaft

Série II Series II

Droit
Law

Bd./Vol. 568

PETER LANG
Frankfurt am Main · Bern · New York

Alexander Basse

Das Schweigen als rechtserhebliches Verhalten im Vertragsrecht

Eine rechtsvergleichende Untersuchung unter Berücksichtigung von England, Schottland und Deutschland

PETER LANG
Frankfurt am Main · Bern · New York

CIP-Kurztitelaufnahme der Deutschen Bibliothek

Basse, Alexander:

Das Schweigen als rechtserhebliches Verhalten im
Vertragsrecht : e. rechtsvergleichende Unters.
unter Berücks. von England, Schottland u. Deutsch=
land / Alexander Basse. – Frankfurt am Main ;
Bern ; New York : Lang, 1986.
(Europäische Hochschulschriften : Reihe 2,
Rechtswissenschaft ; Bd. 568)
ISBN 3-8204-9777-3
NE: Europäische Hochschulschriften / 02

ISSN 0531-7312
ISBN 3-8204-9777-3

Druck und Bindung: Weihert-Druck GmbH, Darmstadt

Inhaltsverzeichnis

Literaturverzeichnis

Anson, W.R.	Law of Contract 25th ed. Oxford 1979
Atiyah, P.S.	An introduction to the law of contract 1st ed. Oxford 1961
Ballerstedt, K.	Zur Haftung für culpa in contrahendo bei Geschäftsabschluß durch Stellvertreter in: AcP 151 (1950/51) S. 501 ff.
Bandasch, G.	Gemeinschaftskommentar zum Handelsgesetzbuch 3. Auflage Neuwied, Darmstadt 1980
Batsch, K.L.	Abschied vom sogenannten kaufmännischen Bestätigungsschreiben in: NJW 1980, S. 1731 f.
Baumbach, A./Duden, K./ Hopt, K.J.	Handelsgesetzbuch 26. Auflage München 1985
Bell, G.J.	Principles of the Law of Scotland 10th ed. Edinburgh 1899

Beyer, H.J. — Misrepresentation-Haftung für fehlerhafte vorvertragliche Erklärungen nach englischem Recht
Bonn 1974

Böshagen, F. — Gutachten der Industrie- und Handelskammer über das Bestehen von Handelsbräuchen
in: NJW 1956, S. 695 ff.

Bolgar, V. — The Contract of Adhesion
in: American Journal of Comparative Law 20 (1972), S. 53 ff.

Bowstead, W./Reynolds, F.M.B./Davenport, B.J. — On Agency
14th ed.
London 1976

Brox, H. — Die Einschränkung der Irrtumsanfechtung
1960

Bürgerliches Gesetzbuch - Kommentar — Hrsg.: Mitglieder des Bundesgerichtshofes
siehe unter RGRK

Bydlinski, F. — Privatautonomie und objektive Grundlagen des verpflichtenden Rechtsgeschäfts
Wien, New York 1967

Canaris, K.W. — Die Vertrauenshaftung im deutschen Privatrecht
München 1971
zit.: Canaris-Vertrauenshaftung

Canaris, K.W.	Schweigen im Rechtsverkehr als Verpflichtungsgrund in: Festschrift für Wilburg Graz 1975, S. 77 ff. zit.: Canaris-FS Wilburg
Carver, T.G.	Carriage by Sea Volume 2, 13th ed. London 1982
Chalmers, M.D.	Sale of Goods Act 1979 18th ed. London 1981
Cheshire, G.C./ Fifoot, C.H.S.	The Law of Contract 9th ed. London 1976 1oth ed. London 1981 zit.: Cheshire/Fifoot ...ed.
Chitty, J.	On Contract Vol. I The Law of Contracts - General Principles Vol. II The Law of Contracts - Specific Contracts 25th ed. London 1983 zit.: Chitty-Bearbeiter
Chorley, R.S.T./ Giles, O.C.	Slater's Mercantile Law 17th ed. London 1977
Constantinesco, L.J.	Rechtsvergleichung Bd. 1 Köln, Berlin, Bonn, München 1971

David, R.	English Law and French Law London, Calcutta 198o
David, R.	The Legal System of the World, their Comparison and Unification - Sources of Law, Chapter 3 in: International Encyclopedia of Comparative Law Tübingen, Den Hague, Boston, London 1984 zit.: David-Encyclopedia
Diederichsen, U.	Der "Vertragsschluß" durch kaufmännisches Bestätigungsschreiben in: JuS 1966, S. 129
Düringer, A./ Hachenburg, M.	Das Handelsgesetzbuch Bd.IV,§§ 343-372 3. Auflage Mannheim, Berlin, Leipzig 1932
	Bd. V 1,§§ 373-382 3. Auflage Mannheim, Berlin Leipzig 1932
	Bd. V 2,§§ 383-473 3. Auflage Mannheim, Berlin, Leipzig 1932
Durchlaub, W.	Rückstellungen für Gewährleistungs- und Ersatzansprüche in: BB 1979, S. 825 ff.

Ebenroth, C.T. | Das kaufmännische Bestätigungsschreiben im internationlen Handelsverkehr
in: Zeitschrift für Vergleichende Rechtswissenschaft 1978, S. 161

Ebert, K.H. | Rechtsvergleichung
Bern 1978

Enneccerus, L./ Nipperdey, H.C. | Allgemeiner Teil des Bürgerlichen Rechts - 2. Halbband
14. Auflage
Tübingen 1955

Erman, W. | Bürgerliches Gesetzbuch - Kommentar
Band 1, §§ 1-853
7. Auflage
Münster 1981
zit.: Erman-Bearbeiter

Esser, J. | Wert und Bedeutung der Rechtsfiktionen
2. Auflage
Frankfurt 1969

Esser, J./Weyers, H.-L. | Schuldrecht - Besonderer Teil Bd. 2
6. Auflage
Heidelberg 1984

Fabricius, F. | Schweigen als Willenserklärung
in: JuS 1966, S. 1 ff.

Fikentscher, W. | Schuldrecht
7. Auflage
Berlin, New York 1985

Flume, W. | Allgemeiner Teil des Bürgerlichen Rechts
Bd. 1 I - Die Personengesellschaft
Heidelberg, New York 1977
zit.: Flume-Personengesellschaft
Bd. 2 - Das Rechtsgeschäft
2. Auflage
Berlin, Heidelberg, New York 1975
zit.: Flume-AT

Fridman, G.H.L. | The Law of Agency
London 1966

Gallois, H. | Gutachten der Industrie- und Handelskammer über Handelsbräuche
in: NJW 1954, S. 1312 f.

Gather, H.H. | Stillschweigende Verlängerung des Mietvertrages
in: DWW 198o, S. 293

Gierke, J. von/ Sandrock, O. | Handels- und Wirtschaftsrecht
Bd. 1
9. Auflage
Berlin, New York 1975

Gloag, W.M./ Henderson, R.C. | Introduction to the Law of Scotland
8th ed.
Edinburgh 198o

Gudian, G. | Fehlen des Erklärungsbewußtseins
in: AcP 169 (1969) S. 232

Guest, A.G. | siehe unter Chitty - On Contracts

Gutteridge, H.C. — Comparative Law
Cambridge 1974

Haberkorn, K. — Schweigen auf kaufmännisches Bestätigungsschreiben
in: MDR 1968, S. 1o8 ff.

Halsbury — Law of England

Vol. 1, 4th ed.
London 1973

Vol. 9, 4th ed.
London 1974

Vol. 2o, 4th ed.
London 1978

Vol. 24, 4th ed.
London 1979

Vol. 31, 4th ed.
London 198o

zit.: Halsbury - Bearbeiter Vol.

Heymann, E./
Kötter, H.W. — Handelsgesetzbuch
4. Auflage
Berlin, New York 1971

Hippel, Fritz von — Das Problem der rechtsgeschäftlichen Privatautonomie
1936
zit.: von Hippel-Problem

Hippel, Eike von | Die Kontrolle der Vertragsfreiheit nach anglo-amerikanischem Recht
Frankfurt/Main 1963
zit.: von Hippel-Kontrolle

Hippel, Eike von | Der Schutz des Verbrauchers vor unlauteren AGB in den EG-Staaten
in: RabelsZ 41 (1977) S. 237 ff.
zit.: von Hippel-Verbraucherschutz

Hoggett,A.J.C. | Changing a Bargain by Confirming it
in: Modern Law Review 197o (Vol. 39)
S. 518 ff.

Hopt, K.J. | Nichtvertragliche Haftung außerhalb von Schadens- und Bereicherungsausgleich
in: AcP 183 (1983), S. 6o8 ff.

Isele, W. | Bundesrechtsanwaltsordnung - Kommentar
Essen 1976

James, P.S. | Introduction to English Law
11th ed.
London 1985

Jessnitzer, K. | Bundesrechtsanwaltsordnung
2. Auflage
Köln, Berlin, Bonn, München 1984

Kelbel, G. | Kommentar zur Patentanwaltsordnung
Köln, Berlin, Bonn, München 1974

Kellmann, C.	Grundprobleme der Willenserklärung in: JuS 1971, S. 609 ff.
Klang, H./ Gschnitzer, F.	Kommentar zum Allgemeinen Bürgerlichen Gesetzbuch Bd. IV-2 2. Auflage 1965 zit.: Klang/Gschnitzer-Bearbeiter
Kommentar zum Bürgerlichen Gesetzbuch - Reihe der Alternativkommentare	Hrsg.: Wassermann, R. Bd. 3, Besonderes Schuldrecht Neuwied, Darmstadt 1979 zit.: AK-BGB-Bearbeiter
Koppensteiner, H.G.	Rügeversäumnis und Käuferpflichten beim Handelskauf in: BB 1971, S. 547 ff.
Lange, H./Köhler, H.	BGB - Allgemeiner Teil 16. Auflage München 1977
Larenz, K.	Bemerkungen zur Haftung für "culpa in contrahendo" in: Festschrift für Ballerstedt Berlin 1975 zit.: Larenz FS Ballerstedt
Larenz, K.	Allgemeiner Teil des Deutschen Bürgerlichen Rechts 6. Auflage München 1983 zit.: Larenz AT

Larenz, K. Lehrbuch des Schuldrechts
Bd. II
12. Auflage
München 1981
zit.: Larenz II

Larenz, K. Methodenlehre der Rechtswissenschaft
5. Auflage
Berlin, Heidelberg 1983
zit.: Larenz-Methodenlehre

Lawson, R. Exclusion Clauses
2nd ed.
London 1983

Legal System The Legal System in Scotland
Hrsg.: Her Majesty's Stationery Office
3rd ed.
Edinburgh 1981

Lehmann, H./ Hübner, H. Allgemeiner Teil des Bürgerlichen Gesetzbuches
16. Auflage
Berlin 1966

Leonhard, F. Allgemeines Schuldrecht des BGB
Bd. 1
München, Leipzig 1929

Lieb, M. Anmerkung zum Urteil des BGH vom 9.7.197o, VII ZR 7o/68
in: JZ 1971, S. 134 ff.

Lillie	The Mercantile Law of Scotland 6th ed. Edinburgh 197o
Löwe, W./Graf von Westphalen, F./Trinkner, R.	Kommentar zum Gesetz zur Regelung des Rechts der Allgemeinen Geschäftsbedingungen Heidelberg 1977
Manigk, A.	Das rechtswirksame Verhalten Berlin 1939
Markovits, I.	Sozialistisches und Bürgerliches Zivilrechtsdenken in der DDR Köln 1969
Medicus, D.	Grenzen der Haftung für culpa in contrahendo in: JuS 1965, S. 2o9 ff. zit.: Medicus-JuS
Medicus, D.	Bürgerliches Recht 12. Auflage Köln, Berlin, Bonn, München 1984 zit.: Medicus-BGB
Medicus, D.	Allgemeiner Teil des BGB Heidelberg 1982 zit.: Medicus-AT
Merkblatt des Deutschen Industrie- und Handelstages (DIHT) für die Feststellung von Handelsbräuchen 1957	abgedruckt in: Schlegelberger-Hefermehl Bd. IV (vgl. dort)

Miller, C.J. — Felthouse v. Bindley Re-visited in: Modern Law Review 1972 (35) S. 488 ff.

Motive zu dem Entwurf eines Bürgerlichen Gesetzbuches für das Deutsche Reich — Bd. 1 - Allgemeiner Teil Berlin, Leipzig 1888 zit.: Motive I

Bd. 2 - Recht der Schuldverhältnisse Berlin 1896 zit.: Motive II

Münchener Kommentar — Bürgerliches Gesetzbuch

Bd. 1 Allgemeiner Teil (§§ 1-240, AGBG), 2. Auflage München 1984

Bd. 2 Schuldrecht Allgemeiner Teil (§§ 241-432) München 1979

Bd. 3 I Schuldrecht Besonderer Teil (§§ 433-656, Abzahlungsgesetz) München 1980

Bd. 3 II Schuldrecht Besonderer Teil (§§ 657-853) München 1980

zit.: MüKo-Bearbeiter

Mugdan, B. | Die Gesamten Materialien zum Bürgerlichen Gesetzbuch für das Deutsche Reich
Bd. 1 - Einführungsgesetz und Allgemeiner Teil
Bd. 2 - Recht der Schuldverhältnisse
Neudruck der Ausgabe Berlin 1899
Aalen 1979

Murdoch, J.R. | The Nature of Estate Agency
in: 91 Law Quarterly Review, S. 357 ff.

Muskat | Zur Lehre vom Kaufe auf Probe (auf Besicht) nach römischen und deutschem Recht
in: Gruchot 48, S. 2o5 ff.

Neumayer, K.H. | Fremdes Recht aus Büchern, fremde Rechtswirklichkeit und die funktionelle Dimension in den Methoden der Rechtsvergleichung
in: RabelsZ 34 (197o), S. 411 ff.

Nirk, R. | Culpa in Contrahendo
in: Festschrift für Möhring
München, Berlin 1965, S. 385 ff.

Nirk, R. | Rechtsvergleichendes zur Haftung für Culpa in Contrahendo
in: RabelsZ 18 (1953), S. 31o ff.

Otto, H.H. | Allgemeine Geschäftsbedingungen und Internationales Privatrecht
Göttingen 1984

Palandt, O.	Bürgerliches Gesetzbuch 45. Auflage München 1986
Powell, R.	The Law of Agency London 1952
Protokolle der Kommission für die 2. Lesung des Entwurfs des Bürgerlichen Gesetzbuches	Bd. 1 - Allgemeiner Teil und Recht der Schuldverhältnisse Berlin 1897 zit.: Protokolle I Bd. 2 - Recht der Schuldverhältnisse Berlin 1898 zit.: Protokolle II
Raisch, P.	Geschichtliche Voraussetzungen, dogmatische Grundlagen und Sinnwandlung des Handelsrechts Karlsruhe 1965
RGRK	Bürgerliches Gesetzbuch - Kommentar Bd. I, §§ 1-240; 12. Auflage Berlin, New York 1982 Bd. II 1, §§ 241-413; 12. Auflage Berlin, New York 1976 Bd. II 2, §§ 414-610; 12. Auflage Berlin, New York 1978 Bd. II 2, §§ 631-811; 12. Auflage Berlin, New York 1978 zit.: RGRK-Bearbeiter

Rheinstein, M.	Rezension von Zweigert/Kötz - Einführung in die Rechtsvergleichung auf dem Gebiete des Privatrechts in: RabelsZ 35 (1971), S. 162 ff. zit.: Rheinstein-Rezension
Rheinstein, M.	Einführung in die Rechtsvergleichung München 1974 zit.: Rheinstein-Rechtsvergleichung
Schaumburg, H.	Haftung des Verkäufers für fahrlässige Falschangaben bei Kaufabschluß in: MDR 1975, S. 1o5 ff.
Schlegelberger, F./ Hefermehl, W.	Handelsgesetzbuch Bd. II, §§ 48-1o4; 5. Auflage München 1973 Bd. IV, §§ 343-372; 5.Auflage München 1976 Bd. V, §§ 373-382; 5. Auflage München 1982 Bd. VI, §§ 383-46o; 5. Auflage München 1977 Zit.: Schlegelberger - Bearbeiter
Schlesinger, R.B.	Formation of Contracts Vol. I London 1968 zit.: Schlesinger I

Schlesinger, R.B. — Formation of Contracts/ A Study of the Common Core of Legal Systems
London 1968
zit.: Schlesinger II

Schlosser, H. — Grundzüge der Neueren Privatrechtsgeschichte
5. Auflage
Heidelberg 1985

Schlosser, P./Coester-Waltjen, D./Graba, H.-U. — AGB-Gesetz Kommentar
Bielefeld 1977
zit.: Bearbeiter in Schlosser/Coester-Waltjen/Graba

Schmidt, K. — Handelsrecht
2. Auflage
Köln, Berlin, Bonn, München 1982

Schmidt-Salzer, J. — Das Recht der Allgemeinen Geschäfts- und Versicherungsbedingungen
Berlin 1967
zit.: Schmidt-Salzer-AGB

Schmidt-Salzer, J. — Subjektiver Wille und Willenserklärung
in: JR 1969, S. 281 ff.
zit.: Schmidt-Salzer-Wille

Schmidt-Salzer, J. — Auftragsbestätigung, Bestätigungsschreiben und kollidierende AGBen
in:BB 1971, S. 591 ff.

Schmitthoff, C.M. Export Trade
7th ed.
London 198o

Schröder Das Recht des Handelsverkehrs
5. Auflage
München 1973

Silverman, F. Standard Conditions of Sale:
A Conveyancer's Guide
London 1983

Simmonds, K.R. National Report United Kingdom
in: International Encyclopedia
of Comparative Law
Vol. I
Den Hague, Tübingen 1976, S. U-59 ff.

Smit, H./Galston, N.M./Levitsky, S.L. International Contracts
New York 1981

Smith, T.B. A Short Commentary on the Law of Scotland
Edinburgh 1962

Soergel, Th./Siebert, W. Bürgerliches Gesetzbuch

Bd. 1, Allgemeiner Teil (§§ 1-24o)
11. Auflage
Stuttgart, Berlin, Köln, Mainz
1978

Bd. 2, Schuldrecht I (§§ 241-61o)
1o. Auflage
Stuttgart, Berlin, Köln, Mainz
1967

	Bd. 3, Schuldrecht II (§§ 516-704) 11. Auglage Stuttgart, Berlin, Köln, Mainz 1980 zit.: Soergel-Siebert-Bearbeiter
Sonnenberger, H.J.	Verkehrssitten im Schuldvertrag München 1969
Statistisches Jahrbuch für 1985 für die Bundesrepublik Deutschland	Hrsg.: Statistisches Bundesamt Wiesbaden 1985 zit.: Statistisches Jahrbuch
Staub, H.	HGB - Großkommentar §§ 1-104 3. Auflage Berlin 1967 §§ 343-351 3. Auflage Berlin, New York 1978 §§ 352-372 3. Auflage Berlin, New York 1978 §§ 383-424 3. Auflage Berlin, New York 1980 zit.: Staub-Bearbeiter

§§ 84-1o4
4. Auflage
Berlin, New York 1983
zit. Staub-Bearbeiter 4. Aufl.

§§ 377-382
4. Auflage
Berlin, New York 1983
zit.: Staub-Bearbeiter 4. Aufl.

Staudinger, J. von — Kommentar zum Bürgerlichen Gesetzbuch mit Einführungsgesetz und Nebengesetzen

1. Buch Allgemeiner Teil
§§ 9o-24o
Berlin 198o

2. Buch Recht der Schuldverhältnisse
Einl. zu §§ 241 ff, 241, 242, AGBG
Berlin 1983

2. Buch Recht der Schuldverhältnisse
§§ 255-327
Berlin 1979

2. Buch Recht der Schuldverhältnisse
§§ 433-58oa
Berlin 198o

2. Buch Recht der Schuldverhältnisse
§§ 62o-63o
Berlin 1979

	2. Buch Recht der Schuldverhältnisse §§ 657-74o Berlin 198o zit.: Staudinger-Bearbeiter
	1. Buch Allgemeiner Teil §§ 1-24o (11. Auflage) Berlin 1957 zit.: Staudinger-Coing
Sutton, R./Shannon, N.P.	On Contracts 7th ed. London 197o
Thamm, M.	Wirkung des Schweigens auf kaufmännische Auftragsbestätigungen hinsichtlich Geschäftsbedingungen in: BB 1964, S. 91o f.
Thieme, J.O./ Mitscherlich, M.	Die Einbeziehung von AGBen in den Vertrag nach englischem Recht in: RIW/AWD 1974, S. 173 ff.
Treitel, G.H.	The Law of Contract 6th ed. London 1983
Triebel, V.	Englisches Handels- und Wirtschaftsrecht Heidelberg 1978
Tuhr, A. von	Der Allgemeine Teil des Deutschen Bürgerlichen Rechts - Bd. II 1 Berlin 1957

Ulmer, P./Brandner, H.E./Hensen, H.D. — AGB - Kommentar
4. Auflage
Köln 1982
zit.: Bearbeiter in Ulmer/Brandner/Hensen

Verhandlungen des 31. Deutschen Juristentages — Hrsg. Schriftführeramt der ständigen Deputation
Bd. 1, Berlin 1912
Bd. 3, Berlin 1913

Vial, M.K.A. — Die Geschäftsfähigkeit des Minderjährigen im Englischen Recht
Kiel 1974

Walker, D.M. — The Law of Contracts and Related Obligations in Scotland
London 1979
zit.: Walker-Contracts

Walker, D.M. — Principles of Scottish Private Law - Volume I
2nd ed.
Oxford 1970
zit.: Walker-Principles I

Walker, D.M. — Principles of Scottish Private Law - Volume II, Book IV
3rd ed.
Oxford 1983
zit.: Walker-Principles II 3rd

Walker, D.M. — The Oxford Companion to Law
Oxford 198o
zit.: Walker-Oxford

Wessel, H.H. — Die Zusendung unbestellter Waren
in BB 1966, S. 432 ff.

Westen, K. — Das Neue Zivilrecht der DDR
Berlin 1977

Westen, K./Schleider, J. — Zivilrecht im Systemvergleich
Berlin 1984

Wilson, J.F. — The British Position
in: Richterliche Kontrolle von AGBen in: Arbeiten zur Rechtsvergleichung
Hrsg.: Dölle, Caemmerer
Frankfurt, Berlin 1968

Wolf, M./Horn, N./Lindacher, W.F. — AGB - Gesetz - Kommentar
München 1984
zit.: Bearbeiter in Wolf/Horn/Lindacher

Zweigert, K./Kötz, H. — Einführung in die Rechtsvergleichung auf dem Gebiet des Privatrechts
Bd. 1
Tübingen 1984

Entscheidungsregister

Abkürzungsverzeichnis

aaO	am angegebenen Ort
Abs.	Absatz
A.C.	Appeal Cases 1891-date, Law Reports Appeal Cases
AcP	Archiv für die civilistische Praxis (1.1818-149.1944; 15o.1948/49 ff.)
ADHGB	Allgemeines Deutsches Handelsgesetzbuch von 1861
AGB	Allgemeine Geschäftsbedingungen
AGBG	Gesetz zur Regelung das Rechts der Allgemeinen Geschäftsbedingungen vom 9.12.1976 (BGBl. I S. 3317)
All E.R.	All England Reports 1936-date
ALR	Allgemeines Landrecht für die preußischen Staaten, gültig ab 1.6.1794
Anm.	Anmerkung
App.Cas.	Law Reports Appeal Cases 1875-189o
Art.	Artikel
AT	Allgemeiner Teil
Aufl.	Auflage
BAG	Bundesarbeitsgericht
BAGE	Entscheidungen des Bundesarbeitsgerichts (1.1954 ff.)
BB	Der Betriebs-Berater
B & C	Barnewall & Cresswell King's Bench Reports 1822-183o (1o7-1o9 ER)
Bd.	Band
BGB	Bürgerliches Gesetzbuch vom 18.8.1896 (RGBl. S. 195)
BGH	Bundesgerichtshof

BGHZ	Entscheidungen des Bundesgerichtshofs in Zivilsachen (1.1951 ff.)
Bing.N.C.	Bingham, New Cases, English Common Pleas 1834-184o (131-133 ER)
Burr.	Burrow's King's Bench Reports tempore Lord Mansfield 1757-1771 (97-98 ER)
bzw.	beziehungsweise
c.	chapter
C.A.	Court of Appeal
Camp.	Campbell's Nisi Prius Reports 18o8-1816 (17o-171 ER)
C.B.	Common Bench Reports by Manning, Granger & Scott 1845-1856 (135-139 ER)
C.B. (NS)	Common Bench Reports by Manning, Granger & Scott (New Series) 1856-1865 (14o-144 ER)
ch.	chapter
Ch.	Chancery Law Reports 1891-date
Ch.App.	Chancery Appeal Law Reports 1865-1875
Ch.D.	Chancery Division Law Reports 1876-189o
c.i.c.	culpa in contrahendo
C.J.	Chief Justice
Cmnd.	Command Papers 5th Series 1956-date (Cmnd 1-date)
Cox Eq.Cas.	Cox's Equity Cases 1745-1797 (29-3o ER)
C & P	Carrington & Payne's Nisi Prius Reports 1823-1841 (171-173 ER) oder Craig & Phillips' Chancery Reports 1841-1841 (41 ER)
DB	Der Betrieb (1.1948 ff.)
DDR	Deutsche Demokratische Republik

d.h.	das heißt
DIHT	Deutscher Industrie- und Handelstag
D.L.R. (3d)	Dominion Law Reports, third series (Canada) 1956-date
Dr. & Sm.	Drewry & Smale's Vice Chancelor's Reports tempore Kindersley 186o-1865 (62 ER)
DWW	Deutsche Wohnungswirtschaft (1. 1949 ff.)
ed.	edition
Edw. VII	Regierungsperiode von Edward VII
Eliz. II	Regierungsperiode von Elizabeth II
E.R.; ER	English Reports 121o-1865 (1-176 ER)
etc.	et cetera
Exch.; Ex.	Exchequer Reports (Welsby, Hurlstone & Gordon 1847-1856 (154-156 ER) oder Law Reports Exchequer 1865-1875
f.; ff.	folgende Seite(n)
F.; F.(H.L.)	Fraser, Session Cases, 5th Series (Scotland) 1898-19o6
F.C.	Faculty Collection (Court of Session Cases, Scotland) 1738-1841
F & F	Foster & Finlason's Nisi Prius Reports 1858-1867 (175-176 ER)
Fn.	Fußnote
FS	Festschrift
Gruchot	Beiträge zur Erläuterung des Deutschen Rechts, begründet von Gruchot (1.1857-73.1933)
GVG	Gerichtsverfassungsgesetz in der Fassung vom 9.5.1975 (BGBl. I S. 1o77)
Hare	Hare's Vice-Chancelor's Reports 1841-1853 (66-69 ER)
HGB	Handelsgesetzbuch vom 1o.5.1897 (RGBl. S. 219)

H.L.	House of Lords
H.L.C.; H.L.Cas.	House of Lords' Cases (Clark's) 1847-1866 (9-11 ER)
H & N	Hurlstone & Norman Exchequer Reports 1856-1862 (156-158 ER)
H & W	Harrison & Wollaston's King's Bench Reports 1835-1836 (47 ER) oder Hurlstone & Walmsley's Exchequer Reports 184o-1841 (58 ER)
IHK	Industrie- und Handelskammer
Ill.App.	Illinois Appelate Courts Reports 1877-date
i.V.m.	in Verbindung mit
J.	Mr. Justice; Judge
JR	Juristische Rundschau (1.1925-11.1935; 1.1947 ff.)
JuS	Juristische Schulung (1.1961 ff.)
JW	Juristische Wochenschrift (1.1872-68.1939)
JZ	Juristenzeitung (6.1951 ff.)
K.B.	King's Bench Law Reports 19o1-1952
LG	Landgericht
L.J.	Lord Justice; Law Journal
L.J.C.P.	Law Journal Reports, New Series, Common Pleas 1831-1875
L.J.K.B.	Law Journal Reports, New Series, King's Bench 1831-1946
Lloyd's Rep.	Lloyd's List Law Reports 1951-date
LM	Nachschlagewerk des Bundesgerichtshofs; Hrsg. Lindenmaier, Möhring u.a.(1951 ff.)
L.Q.R.	Law Quarterly Review 1885-date
L.R.	Law Reports 1865-date
L.R. ()Ch.App.	Law Reports Chancery Appeal Cases 1865-1875

L.R. ()Eq.	Law Reports Equity Cases 1865-1875
L.R. ()Ex.	Law Reports Exchequer 1865-1875
L.R. ()Q.B.	Law Reports Queen's Bench 1865-1875,1891-date
L.T.	Law Times Reports 1859-1947
Ltd.	limited
LZ	Leipziger Zeitschrift für Deutsches Recht (1.19o7-27.1933)
MDR	Monatsschrift für Deutsches Recht (1.1947 ff.)
M.(H.L.)	Macpherson's Session Cases, 3rd Series (Scotland) 1862-1873
M.L.R.	Modern Law Review 1937-date
M & W	Meeson & Welsby's Exchequer Reports 1836-1847 (15o-153 ER)
m.w.N.	mit weiteren Nachweisen
NJW	Neue Juristische Wochenschrift (1.1947/48 ff.)
N.R.	Bosanquet & Puller's New Reports 18o4-18o7 (127 ER) oder New Reports 1862-1865
OLG	Oberlandesgericht
OLGZ	Entscheidungen der Oberlandesgerichte in Zivilsachen einschließlich der freiwilligen Gerichtsbarkeit (1965 ff.)
P	Law Reports Probate, Divorce and Admiralty Division 1891-date
p.	page
para	paragraph
PC	Privy Council
P.D.	Law Reports Probate, Divorce and Admiralty Division 1875-189o

Pfl.VersG	Gesetz über die Pflichtversicherung für Kraftfahrzeughalter (Pflichtversicherungsgesetz) vom 5.4.1965 (BGBl. I S.213)
Q.B.	Queen's Bench Law Reports 1891-19o1;1952-date oder Queen's Bench Reports Adolphus & Ellis New Series 1841-1852 (113-118 ER)
Q.B.D.	Law Reports Queen's Bench Division 1875-189o
R.	Rettie's Session Cases 4th Series (Scotland) 1873-1898
RabelsZ	Zeitschrift für ausländisches und internationales Privatrecht (ab: 26.1961 Rabels Zeitschrift für....) (1.1927 ff.)
R.(H.L.)	Rettie, Crawford & Melville Session Cases 4th Series (Scotland) 1873-1898
Rdnr.	Randnummer
RGZ	Entscheidungen des Reichsgerichts in Zivilsachen (1.188o-172.1945)
RIW/AWD	Recht der internationalen Wirtschaft (1.1954/55-3.1957;21.1975 ff.;4.1958-2o.1974) Außenwirtschaftsdienst des Betriebs-Beraters
ROHGE	Entscheidungen des Reichsoberhandelsgerichts (3.1872-25.188o)
RR	Revised Reports 1785-1866
Rspr.	Rechtsprechung
Russ. & M.	Russel & Mylne's Chancery Reports 1829-1831 (38 ER)
Ry.	Railway
S	Shaw's Session Cases (Scotland)1rst Series 1821-1838 oder

	Shaw's House of Lords Appeal Cases (Scotland) 1821-1824
	oder
	Seite
s.; ss.	section(s), (§),(§§)
S.A.L.J.	South African Law Journal 19o1-date
S.C.	Session Cases of Scotland 19o6-date
SGA	Sale of Godds Act
S.L.T.	Scots Law Times 1893-date
	oder
	Scots Law Times Reports 195o-date
sog.	sogenannte
S.W.	South Western Reporter (National Reporter System (USA)) 1887-date
Swan.	Swanston's Chancery Reports 1818-1819 (36 ER)
Taunt.	Taunton's Common Pleas Reports 18o8-1819 (127-129 ER)
Tenn.	Tennessee Supreme Court Reports 1791-date
T.L.R.	Times Law Reports 1884-1952
	oder
	Tulane Law Review (USA) 1929-date
TS	Treaty Series
v.	against
VersR	Versicherungsrecht (1.1946 ff.)
Ves.	Vesey Junior's Chancery Reports 1789-1871 (3o-34 ER)
	oder
	Vesey Senior's English Chancery Reports 1747-1756 (27-28 ER)
Vgl.	vergleiche
Vict.	Regierungsperiode von Queen Victoria
vol.	volume

Vor.; Vorbem.	Vorbemerkung
VVG	Gesetz über den Versicherungsvertrag vom 3o.5.19o8 (RGBl. S.263)
W.L.R.	Weekly Law Reports 1953-date
WM	Wertpapiermitteilungen (1.1947 ff.)
W.R.	Weekly Reporter 1853-19o6 oder West's Chancery Reports tempore Hardwicke 1736-1739 (25 ER)
z.B.	zum Beispiel
ZGB	Zivilgesetzbuch der DDR

A. Einleitung

I. Einordnung des Rechtssystems Großbritanniens

Nicht zuletzt unter dem Einfluß des Beitritts Großbritanniens zur Europäischen Gemeinschaft am 1.1.1973[1)] ist das englische Rechtssystem im weiteren Sinne, d.h. das Recht vom United Kingdom mehr in den Blickpunkt des Interesses gerückt. Als Stichwort sei hier nur die zunehmende wirtschaftliche Verflechtung erwähnt [2)]. Dabei dürften die Interessen von Handel und Wirtschaft und die der "legal profession" oftmals derart miteinander verknüpft sein, daß beide das gleiche Ziel vor Augen haben. Daneben ist allgemein aus dogmatischem Blickwinkel das englische und schottische Recht deshalb einer näheren Analyse wert, weil aufgrund der case law-Basis für Probleme und Rechtsfragen oftmals andere Regelungsmechanismen als auf dem Kontinent gewählt werden.

Die Beschäftigung mit dem Recht von Großbritannien setzt voraus, daß man sich vor Augen hält, daß es sich nicht um ein einheitliches Rechtssystem[3)] (legal system), sondern bei genauer Betrachtungsweise um drei, ihrem Ursprung nach selbständige Rechtsgebiete (law districts)

---

1) Treaty concerning the Accession of the United Kingdom of Denmark, Ireland, the Kingdom of Norway and the United Kingdom of Great Britain and Northern Ireland to the European Economic Community and the European Atomic Energy Community ("The Accession Treaty") (Brussels, 22nd January, 1972) TS 1 (1973); Cmnd 5179-1

2) Die Einfuhren von Großbritannien nach Deutschland stiegen von 27,5 Mrd. DM 1981 auf 33,3 Mrd. DM 1984, die Ausfuhren aus Deutschland nach Großbritannien von 26,2 Mrd. DM auf 40,6 Mrd. DM an; vgl. Statistisches Jahrbuch aaO § 12.12.

3) Vgl. zu den Begriffen Rechtssystem, Rechtskreis etc.: Rheinstein-Rechtsvergleichung aaO S. 12 ff.

handelt: England und Wales, Nordirland und Schottland. Nordirland hat in rechtlicher Hinsicht weitgehend seine Eigenständigkeit eingebüßt und orientiert sich nunmehr fast ausschließlich am englischen System bzw. trifft seine Entscheidungen auf der Basis des englischen case law[4]. Demgegenüber ist das schottische Recht noch von einer bemerkenswerten Eigenständigkeit geprägt, die nicht zuletzt auf den geschichtlichen Umständen und den damit verbundenen Beziehungen zu anderen Rechtssystemen, insbesondere auf dem Kontinent, beruht[5].

Für eine Klassifizierung der herrschenden Rechtskreise bieten sich in erster Linie drei große Gruppen an: 1. Der sozialistische Kreis, der im Rahmen dieser Untersuchung unbeachtet bleiben soll, 2. das common law des anglo-amerikanischen Rechtskreises und 3. der Römisch-Germanische Rechtskreis, der in erster Linie mit dem kontinental-europäischen Recht in Verbindung gebracht wird. Aus diesen Rechtskreisen geht die vorliegende Untersuchung auf das anglo-schottische Rechtssystem und das der Bundesrepublik ein[6]. Das schottische

---

4) Vom englischen Recht im engeren Sinn soll im folgenden dann gesprochen werden, wenn die Rechtsgebiete Englands, Wales' und Nordirlands gemeint sind. Vgl. zum ganzen auch Schlosser aaO S. 166 f.

5) The Legal System in Scotland aaO S. 1; die Kanalinseln sowie die "Isle of Man" gehören zwar zu den British Isles, jedoch nicht zum United Kingdom of Great Britain. Vgl. Schlosser aaO S. 176; Simmonds aaO S. U-59, U-77

6) Wenngleich die rechtliche Eigenständigkeit des englischen und schottischen Rechtssystems betont werden muß, so soll aus Gründen der Verständlichkeit und Vereinfachung der Darstellung von einem anglo-schottischen Rechtssystem dann die Rede sein, wenn wegen eines Gleichlaufs oder einer Übereinstimmung der rechtlichen Wege und Ergebnisse in beiden Systemen dies gerechtfertigt erscheint.

Nach dem Ende des Zweiten Weltkrieges im Jahre 1945 entstanden mit der Bundesrepublik Deutschland und der Deutschen Demokratischen Republik auf dem Gebiet des ehemaligen Deutschen Reichs zwei neue Staaten.

Recht übernimmt in dieser groben Eingruppierung von seinem historischen Ursprung generell eine Zwitterstellung, da es einerseits stark vom kontinentalen Einfluß des römischen Zivilrechts, andererseits vom case-law des common law geprägt ist[7]. Für den Gegen-

---

6) (Fortsetzung)

Mit deren Existenz und Entwicklung wurde gleichzeitig die bis dahin geltende Einheit der Rechtsordnung und damit auch die des Zivilrechts zerstört. An deren Stelle trat in der Bundesrepublik die Fortbildung des Vorhandenen; in der DDR wurden dagegen in bewußter Abwendung vom alten Recht neue Wege in Richtung einer neuen Rechtsordnung beschritten. Der zivilrechtliche Endpunkt dieses Auseinanderdriftens war die Einführung des Zivilgesetzbuches (ZGB) vom 19.6.1975, in Kraft seit dem 1.1.1976, so daß von einem deutschen Zivilrecht zu sprechen der Sachlage nicht gerecht würde. Siehe zu dieser Frage: Westen/Schleider aaO S. 5, 113 ff.; Westen aaO S. 16 ff. und die ausführliche Darstellung von Markovitz aaO zur Entstehung des ZGB.

7) The Legal System in Scotland aaO S. 2 ff.; die Rechtsentwicklung für das schottische Recht stellt sich im wesentlichen so dar, daß nach einer anfänglichen eigenständigen Entwicklung im 12.-14. Jahrhundert unter dem Eindruck der Unabhängigkeitskriege von 1314 die Bindungen mehr in Frankreich, den Niederlanden und Flandern lagen. Hier waren es vor allem die Gelehrten an den Universitäten, die die schottischen Juristen seit dem 14. Jahrhundert prägten. Nach der Vereinigung von England und Schottland im Jahre 1707 zum United Kingdom begann dann das englische Gerichtswesen das schottische zu dominieren und auf eine Harmonisierung bzw. Assimilierung hinzuwirken. Trotz dieser Tendenz "the two systems remain separate, and - a unique constitutional phenomenon within a unitary state - stand to this day in the same juridical relationship to one another as they do individually to the system of any foreign country". (Report of the Royal Commission on the Constitution 1969-73, vol. I, Cmnd. 5460, para 76). Dementsprechend hat das schottische Recht vor allem folgende Rechtsquellen: a) "statutes" oder "acts" des schottischen Parlaments bis 1707, der Parlamente von Großbritannien von 1707-1800 und der Parlamente des Vereinigten Königreichs von 1801 an; b) die Präzedenzien des common law usw.; c) sogenannte "institutional writings", d.h. Rechtslehrbücher von hoher Autorität, die das Recht in systematischer Weise erfaßten (Walker-Oxford aaO S. 1109); d) die Handelsbräuche ("customs") und e) das Billigkeitsrecht ("equity"). Vgl. dazu Gierke-Sandrock aaO S. 96 f.; man kann auch von einer "mixed jurisdiction" sprechen, vgl. Schlosser aaO S. 166, 176.

stand dieser Untersuchung könnte es daher von Interesse sein, ob das schottische Recht, falls es zu signifikanten Divergenzen in der Beurteilung des Schweigens eines Vertragsbeteiligten im englischen und deutschen Recht kommt, eine Art Nahtstelle darstellt, ob es sich dem einen oder anderen Rechtssystem anschließt oder ob es einen eigenständigen Weg geht[8].

II. Problemstellung und Ziele der Untersuchung

Die Untersuchung soll der Herausarbeitung der Frage dienen, ob und gegebenenfalls wie das englische und schottische Rechtssystem im Rahmen von vertraglichen Beziehungen dem Schweigen, also dem Untätigbleiben einer am Vertragsschluß beteiligten Partei rechtliche Relevanz der einen oder anderen Art beimißt. Der Begriff der vertraglichen Beziehung umfaßt dabei den dem Vertragsschluß unmittelbar vorausgehenden Verhandlungszeitraum, den eigentlichen Vertragsschluß und den Zeitraum, in dem der Vertrag zwischen den Parteien wirkt und abgewickelt wird. Die rechtliche Analyse des Schweigens als rechtserhebliches Verhalten im Vertragsverhältnis setzt zunächst die Beantwortung der Frage voraus, was unter diesen Begriff fällt. Die vorliegende Arbeit wird behandeln das passive, untätige Verhalten einer oder beider am Vertrag beteiligten Parteien, obwohl der eine oder beide Partner sich hätten äußern können oder müssen, also das "zur Unzeit passive Ver-

---

7) (Fortsetzung)
Einen kurzen Überblick über die Entwicklung des Vertragsrechts und den wirksam werdenden Einfluß des englischen Rechts bietet auch Walker in: Walker-Contracts aaO S. 3 ff., S. 7 zu den ravierenden Unterschieden. Siehe dazu auch: Simmonds aaO S. U-59; David aaO S. 135

8) Vgl. auch Walker-Oxford aaO S. 1109

halten des verfügungsberechtigten Rechtsgenossen"[9]. Ausgeklammert sollen jene Konstellationen bleiben, in denen statt einer Äußerung eine Handlung, beispielsweise eine Erfüllungshandlung, vorgenommen wurde (sogenanntes konkludentes Schweigen), mithin also ein irgendwie geartetes Erklärungsverhalten, das auf die Absichten und den Willen schließen läßt. Dies wird in den untersuchten Rechtsordnungen generell anerkannt und führt regelmäßig zum Vertragsschluß[10] bzw. ansonsten beabsichtigten Erfolg. Kramer[11] erfaßt diese konkludenten Willensäußerungen unter dem Begriff des "beredten Schweigens"; es ist jedoch zu beachten, daß seine Begriffsbildung insoweit über die klassischen konkludenten Willensäußerungen hinausreicht, als damit auch Situationen umschrieben werden sollen, in denen die Bezugnahme auf eine Konkludenz überstrapaziert wäre, und es vielmehr auf die Wertung des untätigen Verhaltens des Vertragspartners vom "Empfängerhorizont" nach Treu und Glauben ankommt. Damit liegt diese letzte Fragestellung, inwieweit "bloßes Schweigen" Erklärungswert haben kann, im Rahmen der Untersuchung. Ebenfalls wird in dieser Arbeit die kollisionsrechtliche (international-privatrechtliche) Behandlung des Schweigens im Vertragsverhältnis nicht untersucht werden. Fragen, inwieweit Schweigen einer einem Kontrahierungszwang[12] unterliegenden Partei rechtliche Wirkung entfaltet, sollen ebenfalls nicht erörtert werden.

Die Bedeutung dieser Frage wird bereits an dem Fall deutlich, daß ein deutscher Vertragspartner einen Vertrag unter der Herrschaft des englischen bzw. schot-

9) Vgl. Esser aaO S. 50

10) Statt aller: Chitty-Treitel aaO para 82 m.w.N.; Larenz-AT aaO § 19 IV b

11) Müko-Kramer aaO vor § 116 Rdnr. 23

12) Z.B. im deutschen Recht: § 5 Pflichtversicherungsgesetz

tischen Rechts mit einem Briten abschließen kann und sich eine der Parteien zu irgendeinem Zeitpunkt vor, während oder nach Vertragsschluß zu einem Punkt nicht äußert, sich also schweigend verhält. Diese tatsächliche Situation kann auf der Rechtsfolgenseite zur Konsequenz haben, daß die sich untätig verhaltende Vertragspartei entweder Rechte verlustig gehen kann oder daß sie sich unerwarteten Ansprüchen ausgesetzt sieht bzw. daß ihr vorher unbekannte Pflichten auferlegt werden können. In anderen Fällen besteht kein Zweifel daran, daß sich die Parteien vertraglich gebunden haben, d.h. bestimmte Bestandteile und Klauseln eines Vertrages Gegenstand einer Einigung geworden sind; unklar bleibt jedoch, ob andere Punkte Gegenstand übereinstimmender Erklärungen geworden sind, obwohl sie nicht ausdrücklich einbezogen wurden.

Der Schwerpunkt der Analyse wird auf handelsrechtliche bzw. kommerzielle Verträge und Entscheidungen gelegt werden; gleichwohl sollen aber auch andere vertragliche Konstellationen insoweit Berücksichtigung finden, als es sinnvoll erscheint. Neben den möglicherweise für den Warenverkehr oder die sonstigen Handelsbeziehungen mit Großbritannien wertvollen Ergebnissen kann und soll diese Arbeit auch dazu dienen, die möglichen Lösungen, die verschiedene Rechtssysteme für ein soziales Verhalten - hier dem Schweigen einer Partei im Vertragsverhältnis - entwickeln, aufzuzeigen, um daraus gegebenenfalls neue Denkansätze zu gewinnen.

Eine Betrachtung von englischen und schottischen Vertragstexten läßt aus der Sicht eines deutschen Juristen die Feststellung zu, daß diese sehr ausführliche Dokumente sind, die bereits eine Vielzahl von Fragen und Punkten zu regeln versuchen, so daß es auf den ersten

Blick unwahrscheinlich erscheint, daß überhaupt ein für den Vertrag essentieller Punkt dem Schweigen einer Partei unterfallen könnte. Diese Ausführlichkeit der Vertragsdokumente ist nur vor dem Hintergrund des angloschottischen Rechtssystems zu verstehen, das von dem Fehlen dispositiver Rechtsnormen in Gesetzen, wie sie beispielsweise das BGB kennt, geprägt ist[13]. Ebenfalls auffällig ist, daß das englische und das schottische Recht kein dem Handelsgesetzbuch entsprechendes Gesetz kennen. Vielmehr werden diese wirtschaftlichen Phänomene unter dem Begriff des "mercantile law" oder "commercial law" erfaßt, zu deren Bestandteilen das allgemeine Vertragsrecht, das "contract law" zählt[14].

III. Methoden der Rechtsvergleichung

Jede rechtsvergleichende Untersuchung setzt, soll sie zu sinnvollen Ergebnissen führen, einen bestimmten methodischen Ansatz voraus. Ohne dabei eine vollständige Übersicht der verschiedenen in der Literatur vertretenen Ansätze darstellen zu können und zu wollen, kamen für diese Arbeit nur zwei von unterschiedlichen Ausgangspunkten ausgehende Theorien in Betracht.

Nach einer älteren Auffassung[15], die noch aus den Anfängen der Rechtsvergleichung stammt, sollten verschie-

---

13) So auch Triebel aaO S. 44

14) Siehe Gutteridge aaO S. 34; Gierke-Sandrock I aaO S. 96 f.; Triebel aaO Rdnrn. 1, 8; Simmonds aaO S. U-84

15) Rheinstein-Rezension S. 162 ff.; ders.-Rechtsvergleichung aaO S. 32; vgl. Constantinesco aaO Bd. I S. 69 ff. zu den verschiedenen Epochen und Einflüssen

dene Rechtsinstitute gegenübergestellt werden (z.B. die Regelung des Eigentumserwerbs, des Vertrages, des Besitzes etc. im englischen und deutschen Recht)[16]. Das Problem, das sich bei einer derartigen Methode ergibt, ist, daß oftmals gleichlautende oder ähnliche Begriffe nicht die gleiche Bedeutung besitzen, mithin der Erfolg einer derartigen Untersuchung von einer möglichst großen Identität der Begriffe abhängt[17]. Daß derartige Rechtsbegriffe oftmals nicht inhaltlich übereinstimmen, kann zum Teil daran liegen, daß das gleiche Rechtsinstitut aus einem anderen soziologischen und kulturellen Umfeld entstanden ist. Umgekehrt ist ebenfalls denkbar, daß ein übereinstimmendes rechtliches Ziel über verschiedene rechtliche Methoden und rechtstechnische Mittel erreicht wird. Eine derartige Vorgehensweise birgt daher, worauf auch schon Neumayer[18] hingewiesen hat, die Gefahr in sich, daß die Untersuchung zwar Kenntnisse, aber keine Erkenntnisse verschafft. Wie unbefriedigend gerade dieser Ansatz gewesen wäre, zeigt, daß eine Übersetzung des Begriffes "Schweigen" mit dem englischen Begriff "silence" oder "acquiescence" den Weg in eine Sackgasse eröffnet hätte, da verschiedene, von diesem Begriff im deutschen Recht erfaßte Sachverhalt nicht untersucht hätten werden können. Daher ist für diese Untersuchung grundsätzlich die funktionale Methode der Rechtsvergleichung sinnvoller und ergiebiger.

---

16) Neumayer aaO S. 411 ff. erwähnt außerdem die insgesamt wohl als unergiebig zu betrachtende Methode der Vergleichung ganzer Rechtssysteme, die oftmals zu oberflächlich geraten muß. Vgl. zu dieser auch als Makrovergleichung bekannten Form der Rechtsvergleichung: Rheinstein-Rechtsvergleichung aaO S. 33 ff.; Zweigert/Kötz Bd. I aaO S. 5

17) Neumayer aaO S. 413

18) Neumayer aaO S. 412

Charakteristikum dieser Methode ist, daß als Ausgangspunkt der Betrachtung nicht die Norm, das Rechtsinstitut, sondern das konkrete, sich aus einem Lebenssachverhalt ergebende Problem[19], das Sach- und Rechtsproblem der Lebenswirklichkeit[20], der sozio-kulturelle Konflikt genommen und aus den allgemeinen Systembegriffen der jeweiligen Rechtsordnung herausgehoben wird und die Lösungswege miteinander verglichen werden. In den Vordergrund dieses Ansatzes tritt die Frage nach dem Zweck der Rechtsregel bzw. Rechtsinstitution, denn das Recht dient der Ordnung dieser realen Probleme[21]. Zugleich erlaubt diese Vorgehensweise wegen ihrer Bezugnahme auf die soziologischen Fragen, Scheinkollisionen von tatsächlichen Unterschieden im Rechtssystem zu trennen, d.h. systematische, dogmatische Divergenzen der rechtlichen Lösung werden von rechtssystembedingten tatsächlichen getrennt. Jedoch darf bei dieser Heraushebung des Problems nicht der dogmatische Gesamtzusammenhang des jeweiligen Rechtssystems aus den Augen verloren werden[22].

---

19) Zweigert/Kötz Bd. I aaO S. 34 f., 48 ff.; Rheinstein-Rechtsvergleichung aaO S. 25 ff.; David aaO S. 27

20) Ebert aaO S. 147; S. 26 ff. zum sogenannten Funktionalitätsprinzip; Zweigert/Kötz Bd. I aaO S. 35

21) Ebert aaO S. 27

22) Ebert aaO S. 147

B. Das Schweigen als Annahme eines Vertragsangebots

I. Die Rechtslage in England und Schottland

Für die rechtliche Beurteilung des Schweigens einer Person bieten sich prima facie drei Alternativen an:
1) als passives Verhalten übt es auf die vertragliche Beziehung zwischen den am Rechtsleben Teilnehmenden keine rechtliche Wirkung aus und ist damit kein Erklärungsverhalten, sondern rechtlich ein absolutes "nullum", oder
2) es wird entsprechend des Grundsatzes "wer schweigt, verneint" als negative Erklärung oder
3) entsprechend der Maxime "wer schweigt, bejaht" als positive Erklärung verstanden.
Mit den beiden letzten Alternativen käme dem Schweigen rechtserhebliche Bedeutung im Vertragsverhältnis zu.

1. Grundzüge des Vertragsrechts

Einen ersten Ansatzpunkt für eine Untersuchung der rechtlichen Wirkung des Schweigens eines Vertragspartners bietet die Frage, ob im Rahmen des Zustandekommens von Verträgen, also in dem Komplex von Angebot und Annahme (offer and acceptance), ein stillschweigendes Verhalten rechtliche Auswirkungen hat [23]. Die Beantwortung dieser Frage setzt zunächst voraus,daß die Elementarstrukturen einer offen zutage getretenen, d.h. entweder ausdrücklichen oder in konkludentem Handeln zum Ausdruck kommenden Annahme der zu begutachtenden Rechtssysteme dargestellt werden. Denn bereits in dieser Fallkonstellation können Zweifel, wann eine Annahmeerklärung vorliegt und welche Merkmale sie aufweist,

---

23) Da ein stillschweigendes Angebot schwer vorstellbar ist, liegt es auf der Hand, daß allein die Annahmewirkung von Interesse ist.

auftauchen, beispielsweise wenn die "contracting parties" über einen längeren Zeitraum verhandeln, ohne daß es je zu einem definitiven Vertragsschluß kommt, gleichwohl aber Erfüllungsleistungen erbringen[24]. Unter einem Vertrag versteht man im englischen[25] wie im schottischen[26] Recht eine rechtliche Vereinbarung (agreement) zwischen mindestens zwei Parteien. Es ist das Aufeinandertreffen von zwei Parteiwillen als Ergebnis der freien und übereinstimmenden Vorstellungen (minds)[27]. Dieses Konzept basiert auf dem Gedanken von der menschlichen Freiheit (human liberty) und gipfelt in dem, der deutschen Privatautonomie ähnelnden, "freedom of contract"[28].

---

24) Cheshire & Fifoot 9th ed. aaO S. 33; ebenso wie in Deutschland gilt in England und Schottland die Regel, daß Kataloge, Preislisten, Preisauszeichnungen u.dgl. als invitatio ad offerendum, als Aufforderung zur Abgabe eines Angebots angesehen werden. Vgl. Triebel aaO S. 41.

25) Statt vieler: Chitty-Treitel aaO para 41 ff.; Anson aaO S. 21 ff.: "An outward expression of common intention and of expectation as to the declaration and assurance contained in the promise".

26) Gloag/Henderson aaO S. 47 f. ch. IV 3; die sog. "Institutional writers" verwenden den Begriff "contract" als Synonym für den Begriff "agreement". In dem sog. Indian Contract Act 1872 hieß es dann: "An agreement enforceable by law is a contract". Vgl. Gloag/Henderson aaO S. 49 ch. IV 5. "A contract ... is dependant on agreement. ... Agreement means generally that the minds of the parties are at one with regard to the point at issue".

27) Anson aaO S. 3; Sutton and Shannon aaO S. 3. "A contract is an agreement which the law regards as conferring personal rights and imposing personal obligations which it will protect and enforce, on the parties of the agreement".

28) Vgl. zu der allgemeinen Entwicklung dieses Konzepts im Rahmen der "laissez-faire"-Doktrin des Liberalismus die prägnante Darstellung bei von Hippel-Kontrolle aaO S. 24 ff. mit ausführlichen Nachweisen und ders. -Verbraucherschutz aaO S. 271

Eine derartige Vereinbarung setzt ein alle wesentliche Punkte enthaltendes Angebot und die Annahme durch den anderen Vertragspartner voraus. Zentraler Begriff, der an dieser Stelle das anglo-schottische Recht beherrscht, ist der des "promise", des Versprechens. Was sich hinter diesem Begriff verbirgt, zeigt die Definition von Anson: "A declaration or assurance made to another person, stating that a certain state of affairs exists, or that the maker will do, or refrain from, some specified act, and conferring on that other a right to claim the fulfillment of such declaration or assurance"[29]. Es soll aber über das "mere statement of intention", der Absichtserklärung hinausgehen und muß einen Rechtsbindungswillen enthalten[30]. Neben den klassischen Formen der Vertragsannahme durch mündliche oder schriftliche Erklärung kann der Angebotsempfänger seinen Bindungswillen auch dadurch kundtun, daß er dem Angebot entsprechende Erfüllungshandlungen vornimmt. Diese Form der Vertragsannahme wird teilweise als Annahme durch Schweigen charakterisiert[31]; um diese Formen der stillschweigenden Annahme soll es aber in der vorliegenden Untersuchung, wie bereits oben angedeutet, nicht gehen.

---

29) Anson aaO S. 3

30) Anson aaO S. 3: "The intention of the parties must be to create an obligation between them". Vgl. auch Simmonds aaO S. U-74

31) Siehe dazu beispielsweise Schlesinger I aaO S. 131; diese Form der "stillschweigenden" Annahme ist in den drei untersuchten Rechtsordnungen anerkannt, da sie ja genaugenommen einen Aussagewert hat, die auf einen Rechtsfolgewillen schließen läßt. Vgl. statt vieler Larenz AT aaO § 19 IV b, Chitty-Treitel aaO para 82

Die stillschweigende Annahme eines Angebots könnte nur dann die gleiche rechtliche Bindungswirkung wie die ausdrückliche entfalten, wenn beide Formen gleichartige bzw. gleichwertige Elemente aufweisen oder diese von der Rechtswirklichkeit, etwa über eine gesetzliche Fiktion, so eingestuft werden. Im System des "Common Law" muß die Annahme mit dem Inhalt eines Vertragsangebots regelmäßig übereinstimmen, ohne daß die geringste Abweichung vorliegt[32]. Jede Abweichung bzw. Änderung stellt eine Ablehnung bei gleichzeitigem Neuangebot dar; diese absolute Identität wird teilweise mit dem Begriff des "mirror-image" oder "consensus ad idem" umschrieben[33]. "Annahme" bedeutet im allgemeinen "übermittelte" oder "nach außen sichtbar gewordene", "mitgeteilte" (communicated) Erklärung[34], d.h. dem Annehmenden steht ein Adressat seiner Willenserklärung gegenüber.

Dies führt zu der Schlußfolgerung, daß eine wirksame Angebotsannahme nicht schon dann vorliegt, wenn der Angebotsempfänger sich innerlich vorstellt, also quasi vor seinem geistigen Auge, er wolle das Angebot annehmen[35].

---

32) Vgl. beispielsweise Smit/Galston/Levitsky aaO S. 66 § 3.o2(4) a; Sutton and Shannon aaO S. 46 f.

33) Gloag/Henderson-Introduction aaO S. 47 ch. IV 3; Sutton and Shannon aaO S. 31

34) Anson aaO S. 37 "expression by words or conduct, of assent to the terms of the offer in the manner prescribed or indicated by the offeror"; vgl. auch Halsbury-Lawson vol. 9 aaO, der darauf hinweist, daß die Mitteilung nicht in jedem Fall notwendig ist, para 25o; Cheshire/Fifoot sprechen von "external manifestation of assent". AaO 1oth ed. S. 41; Carlill v. Smokeball Co. (1893) 1 Q.B. 256 per Lindley L.J. at p. 269

35) Anson aaO S. 38: " A tacit formation of intention is insufficient"; vgl. auch Robophone Facilities v. Blank (1966) 3 All E.R. 128 per Lord Denning at p. 131 f.: "Just as mental acceptance is not enough, nor is internal acceptance within the plaintiff's office".

Dies kommt bereits in dem Urteil von Brian, C.J. zum Ausdruck: "... for it is trite learning that the thought of man is not triable, for the devil himself knows not the thought of man, ..."[36].

Dieser Präzedenzfall belegt, daß der Wille allein nicht der alles entscheidende Faktor ist, sondern daß eine irgendwie gestaltete Außenbeziehung feststellbar sein muß. Eine dieser Position konsequent entsprechende Auffassung müßte den konkreten Zugang und die Kenntnisnahme der Annahmeerklärung durch den Anbieter zum Wirksamkeitserfordernis des Vertrages machen. Jedoch wird eine so weitgehende Forderung von den englischen und schottischen Gerichten nicht gestellt; Lord Blackburn in Brogden v. Metropolitain Railway Co.[37] vertrat die Auffassung, daß der Annehmende nur etwas unternehmen müsse, das über die innerliche Annahme hinausgehe und den Willen nach außen manifestiere.

Unter dem Einfluß dieser grundlegenden Voraussetzungen zur Annahme ergibt die Betrachtung der einschlägigen englischen Literatur und Rechtsprechung zur Frage der stillschweigenden Annahme auf den ersten Blick ein einheitliches und strenges Bild: Grundsätzlich soll dem bloßen Schweigen keine rechtliche Bedeutung im Sinne einer Annahme zukommen, d.h. der Empfänger eines Angebots wird nicht dadurch in irgendeiner Form rechtlich gebunden, daß er sich auf das Angebot eines anderen untätig verhält[38]. Diese Rechtslage gilt grundsätzlich auch für Schottland[39].

---

36) Year Book Anonym (1477) Y.B. Pasch. 17 Edw. IV f.1,pl. 2 zitiert nach Anson aaO S. 37

37) Brogden v. Metropolitain Railway Co. (1877) 2 App. Cas. 666

38) Chitty-Treitel aaO para 79; Schlesinger II aaO S. 1116

39) Vgl. Jaffrey v. Boag (1824) 3 S 375; Walker-Contracts aaO para 7.56

Für die ähnliche Problematik der durch den Anbietenden aufoktroyierten Bindungswirkung des Schweigens war Ausgangspunkt der "leading case" Felthouse v. Bindley[40]. In diesem Rechtsstreit ging es um ein Schreiben, das der Kläger seinem beklagten Neffen zusandte, und in dem er wünschte, dessen Pferd für 30 £, 15 Schillinge zu kaufen. Sollte er, der Kläger, nichts mehr von ihm hören, so ginge er davon aus, daß ihm das Tier gehöre. Später veräußerte ein Auktionator versehentlich das Pferd, obwohl er von dem Neffen darüber informiert worden war, daß das Tier an den Kläger verkauft worden war. In den Urteilsgründen unterlag der Kläger mit dem Argument, die Annahme seines Angebots sei zu keinem Zeitpunkt ihm gegenüber erklärt bzw. zugegangen[41]; es fehle somit an einem gültigen Kaufvertrag.

Seine Rechtfertigung findet der Satz "Schweigen führt grundsätzlich zu keiner rechtlichen Bindung" darin, daß es allgemein unerwünscht sei, dem Angebotsempfänger die Unannehmlichkeiten und Kosten einer Ablehnung aufzubürden[42].

---

40) Felthouse v. Bindley (1862) 11 C.B. (N.S.) 869, 31 L.J.C.P. 204, 6 L.T. 157, 10 W.R. 423, affirmed (1863) 1 N.R. 401, 7 L.T. 835, 11 W.R. 429; vgl. auch die im Ergebnis ähnliche Entscheidung Jones v. Daniel (1894) 2 Ch. 332 at p. 335 per Romer, J.; vgl. auch Miller aaO S. 489 ff.

41) "..., as the nephew's intention to accept the offer had never been communicated to the plaintiff, there was no contract of sale, and that accordingly the horse did not belong to the plaintiff at the time of the action". Wenn hier anstatt von " acceptance" zu sprechen die Wendung "intention to accept" verwendet wird, so wird darin deutlich, daß eine rechtsgültige Annahme erst dann vorliegt, wenn diese nach außen sichtbar geworden ist und ein anderer die Möglichkeit der Kenntnisnahme hatte.

42) Chitty-Treitel aaO para 79: "..., it is generally undesirable to put him (the offeree) to the trouble and expense of refusing the offer".

Cheshire/Fifoot[43] stellen noch auf den menschlichen Aspekt ab, daß "the failure to reply to letters is a common human weakness". Dieses Argument birgt somit als Begründung für die ablehnende Haltung bezüglich einer stillschweigenden Annahme auch den Schutzzweckgedanken in sich, daß die menschliche Schwäche nicht zum geschäftlichen Gewinn ausgenutzt werden soll. Vor dem Hintergrund dieser Entscheidung stellt sich die Frage, ob dieses Prinzip ohne Ausnahme und Durchbrechung im englischen und schottischen Rechtssystem geblieben ist. Schon in bezug auf die Entscheidung Felthouse v. Bindley[44] werden in der Literatur[45] Stimmen laut, die zwar an dem Prinzip nicht rütteln, gleichwohl aber gerade dieses Urteil auf andere Gründe gestützt sehen und damit anders entschieden wissen wollen: das Angebot des Klägers soll danach einen Verzicht auf das Erfordernis des Annahmezugangs beinhalten[46].

---

43) Cheshire/Fifoot 10th ed. aaO S. 42; vgl. dazu auch: Manco Ltd. v. Atlantic Forest Products Ltd. (1971) 24 DLR (3d) 194; Way and Waller Ltd. v. Ryde (1944) 1 All E.R. 9 (10) discussed by Murdoch 91 L.Q.R. 357 (378-379). Auf der anderen Seite weisen Cheshire/Fifoot unter Bezugnahme auf die obengenannten Fälle darauf hin, daß es durchaus Situationen/Sachverhalte geben könne, in denen das Schweigen einer Vertragspartei unzweideutig die Annahme eines Angebots darstelle. (Way and Waller v. Ryde (1944) 1 All E.R. 9). Allerdings dürften diese Sachverhalte wiederum in die Gruppe der Annahme durch konkludentes Verhalten einzuordnen sein.

44) Felthouse v. Bindley (1862) 11 C.B. (N.S.) 869

45) Chitty-Treitel aaO para 79: "... waiver of requirement of communicating the acceptance".

46) Der Wert dieser Entscheidung soll nach Halsbury-Lawson vol. 9 aaO para 250, note 13 deswegen geschmälert sein, weil a) das letztinstanzliche Urteil des Court of Exchequer Chamber die Entscheidung teilweise auf andere Gründe stützte (der Vertrag soll nicht den Formerfordernissen des Statute of Frauds 1677 entsprochen haben) und b) weil der eigentliche Streitgegenstand nicht die beiden Vertragspartner betraf.

Eine andere in der Literatur noch vereinzelt gebliebene Auffassung[47] will von diesem starren Grundsatz eine Ausnahme in den Fällen zulassen, in denen sich der Angebotsempfänger selber in der Weise um ein Angebot bemüht hatte, daß er seinerseits ein aus seinem Bereich stammendes "Angebots"-formular dem eigentlichen Anbieter übersandte. Begründet wird diese - von der anglo-schottischen Rechtsprechung noch nicht rechtskräftig entschiedene und somit nicht in das geltende Recht übernommene - Auffassung damit, daß in einer derartigen Fallkonstellation das Argument, daß den Angebotsempfänger nicht die Unannehmlichkeiten einer Ablehnungserklärung treffen sollen, viel an seiner Kraft verliert, da mit der Zurverfügungstellung der "Angebots"-formulare durch den Angebotsempfänger dieser seinen Interessen ausreichend Genüge getan habe. Ebenfalls in diese Richtung deutet Schlesinger; er weist in seiner vergleichenden Studie zu Recht darauf hin, daß das Schweigen im Rahmen des Common Law Systems wohl dann rechtlich als Annahme wirken könnte, wenn der Vertrag allein Vorteile für den Angebotsempfänger beinhalte. Dies könnte aber tatsächlich kaum vorkommen, da das englische Vertragsrecht von der Lehre von der "Consideration" beherrscht sei, d.h. sich der Leistung der einen Partei eine Gegenleistung der anderen gegenüberstehen müßte[48]. Denkbar seien allein solche Fälle, in denen entweder die "Consideration" unnötig sei oder diese von dritter Seite komme[49].

---

47) Chitty-Treitel aaO para 80 mit Hinweis auf ein obiter dictum in Rust v. Abbey Life Insurance Co. (1979) 2 Lloyd's Rep 335 (339 f.) und den in den USA entschiedenen Fall Alexander Hamilton Institute v. Jones (1924) 234 Ill. App. 444

48) Siehe Simmonds zu diesen Vertragsvoraussetzungen aaO S. U-74

49) Vgl. Schlesinger I aaO S. 132; ders. II aaO S. 1116

In diesem Punkt unterscheidet sich das schottische Recht vom englischen insoweit wesentlich, als hier die "consideration" nicht Wirksamkeitserfordernis für einen Vertrag ist. Vielmehr kann ein Leistungsversprechen auch ohne Gegenleistung in schottischen Gerichten durchgesetzt werden[50], so daß hier der Ansatz Schlesingers eher auf fruchtbaren Boden fallen könnte.

2. Sonderfälle

a) Final offer

Ein Grenzfall liegt nach englischem Recht dann vor, wenn die Parteien zwar keine vorherigen Vertragsbeziehungen hatten, es aber beim konkreten Geschäft bereits zu langandauernden Verhandlungen kam. Macht dann eine Partei ein endgültiges Angebot mit gleichzeitigem Leistungsangebot und nimmt die Gegenseite diese Leistung widerspruchslos an, so kann sie sich in bezug auf bestimmte Bedingungen, auf die es dem anderen Vertragspartner erkennbar bei den Verhandlungen ankam, nicht darauf be-

---

50) Gloag/Henderson aaO S. 46 ch. IV 1. Als Beispiel sei der Fall genannt, in dem der Verkäufer sein Angebot als für eine bestimmte Zeit offen erklärt, ohne eine Gegenleistung für dieses Versprechen zu erhalten. Während er im englischen Recht nicht daran gebunden ist (vgl. dazu den Fall Dickinson v. Dodds (1876) 2 Ch. D. 463), kann dieses in Schottland gerichtlich - und sei es mit Schadensersatzklage - eingeklagt werden (vgl. Paterson v. Highland Ry. (1927) S.C. (H.L.) 32 at p. 38 per Lord Dunedin, J. Vgl. auch Simmonds aaO S. U-77. Vgl. auch Walker-Oxford aaO S. 1116

rufen, diese seien nicht vereinbart worden[51].

b) Zusendung unbestellter Waren

Jahrelang hatten sich die Gerichte mit Fällen zu beschäftigen, in denen vor allem arglose Privatleute Waren, zum Beispiel in Form von Büchern, Zeitschriften etc., zugesandt bekamen, ohne daß diese von ihnen bestellt waren (sog. "high pressure"-sales)[52]. Zum Teil wurden auch Dienstleistungen angeboten, denen ebenfalls keine Bestellung durch den Angebotsempfänger vorangegangen war. Identisch war in beiden Varianten der Inhalt des Angebots: sollte der Empfänger diesem nicht ausdrücklich widersprechen, meist innerhalb einer knapp bemessenen Frist, so gehe der Angebotsabsender von einer Annahme aus. Damit war dem Empfänger die Pflicht zur Zurückweisung aufgebürdet; sein Schweigen sollte, wie in dem Fall Felthouse v. Bindley, Annahmewirkung haben.

Obwohl schon das common law, wie sich aus den obigen Ausführungen ergibt, eine solche Annahmewirkung nicht zuließ, sah sich der britische Gesetzgeber 1971 - entsprechend seiner Tendenz, die jeweils schwächere Partei durch gesetzgeberische Schritte abzusichern [53] - gezwungen, vor allem den mit der rechtlichen Regelung nicht oder nur ungenügend vertrauten Verbraucher durch den "Unsolicited Goods and Services Act 1971" weiter-

---

51) Schlesinger II aaO S. 1119; Sullivan v. Constable (1932) 48 T.L.R. 369, 370 in der der Court of Appeal ausführte: "If, whatever a man's real intention may be, he so conducts himself in making a contract that a reasonable man would believe that he was assenting to the terms proposed by the other party and if that other party upon that belief, enters into the contract with him, the man so conducting himself is equally bound as if he had intended to agree to the other party's terms".

gehend zu schützen[54]. Dessen zentrale Vorschrift ist s. 1; danach kann der Empfänger unbestellter, d.h. weder von ihm angeforderter noch von einem Dritten zu seinen Gunsten bestellter[55] Waren grundsätzlich davon ausgehen, daß diese ein keiner Beschränkung unterliegendes Geschenk darstellen, mit dem er nach Belieben verfahren kann und an dem der Absender[56] alle Rechte verloren hat. Voraussetzung für diese Wirkung ist, daß der Empfänger von seiner Ablehnung entweder dem Absender Mitteilung macht und dieser die zugesandte Ware nicht innerhalb von 30 Tagen abholt, oder daß der Absender bei fehlender Ablehnungsmitteilung sechs Monate verstreichen läßt. Eine Besonderheit regelt dann s. 3; dort geht es um die Rechnungsstellung für die Aufnahme in Adressregistern und Branchenverzeichnissen, ohne daß der dort Aufgenommene dieses beantragt hat. In diesem Fall ist

---

52) (Fortsetzung)
James aaO S. 271

53) (Fortsetzung)
Bolgar aaO S. 64

54) 19 & 20 Eliz II c. 30
Dieses Gesetz wurde dann im Jahre 1975 noch ergänzt durch den Unsolicited Goods and Services (Amendment) Act 1975 23 & 24 Eliz II c. 13. Beide Gesetze finden in Nordirland keine Anwendung. Vgl. s. 7 (3) des 1971 Act und s. 4 (5) des 1975 Act.

55) s. 1 (1). "In the circumstances specified in the following subsection, a person who after the commencement of this Act receives unsolicited goods, may as between himself and the sender, use, deal with or dispose of them as if they were an unconditional gift to him, and any right of the sender to the goods shall be extinguished.
Vgl. s. 6 (1) "... goods ... sent without prior request...".

56) Dabei ist es unerheblich, ob es sich bei dem Absender um eine natürliche oder juristische Person handelt; vgl. s. 5

dieser regelmäßig nicht zur Zahlung verpflichtet (s. 3 (1))[57].

Festzuhalten ist somit, daß in dem Fall der Zusendung unbestellter Waren das Schweigen des Empfängers nicht zur Annahme eines Vertrages führt, sondern vielmehr das Angebot als abgelehnt gelten muß. Insoweit wird dem grundlegenden Prinzip Rechnung getragen.

In Schottland weist die Rechtslage bezüglich der Zusendung unbestellter Waren insofern eine Variante auf, als der Empfänger verpflichtet ist, einen angemessenen Preis dann zu zahlen, wenn er die Waren behält und seinem Eigentum einverleibt. Allerdings beruht diese Verpflichtung ebenfalls nicht auf einer vertragsrechtlichen Grundlage, also einem zustandegekommenen Vertrag, sondern auf dem sogenannten "quasi-contractual principle of recompense", also einem Bereicherungsanspruch. Da der Absender dementsprechend nicht den beabsichtigten Kaufpreis, sondern nur Wertersatz verlangen kann[58], ist die Feststellung gerechtfertigt, daß insoweit auch hier das Schweigen zur Ablehnung des Angebots führt.

---

57) Zu den ausnahmsweise strengen Voraussetzungen, die erst eine Zahlungsverpflichtung entstehen lassen, vgl. s. 3 (2), (3)

58) Walker-Principles II 3rd aaO S. 19; ders.-Contracts aaO para 7.56; Webster v. Thomson (1830) 8 S 528

II. Die Rechtslage in der Bundesrepublik

1. Das Schweigen als Angebotsannahme

Grundsätzlich gilt im deutschen Vertragsrecht, daß eine Annahme eines Vertragsangebotes nur ausdrücklich oder durch schlüssiges Verhalten, also durch einen Akt der positiven Willenserklärung und nicht durch das passive Verhalten, das Schweigen, erfolgen kann[59)]. So heißt es beispielsweise beim BGH[6o)] in dem Fall einer vom ursprünglichen Vertragsangebot abweichenden Auftragsbestätigung, daß an dem Grundsatz festzuhalten sei, "daß Schweigen nicht als Zustimmung, also nicht als Annahme eines neuen Vertrages (§ 15o Abs. 2 BGB) gilt". Auch im Handelsverkehr gilt Schweigen keineswegs immer als Zustimmung[61)]. Es gilt auch hier der Grundsatz des BGB, daß die Annahme eines Vertrages erklärt sein muß. Nur in Ausnahmefällen, wenn eine Erklärung nicht zu erwarten ist oder der Antragende ausdrücklich verzichtet hat, kann ein Vertrag durch Stillschweigen des Annehmenden zustandekommen (§ 151 BGB)[62)]; unverzichtbar ist allerdings auch hier, daß sich der Annahmewille nach außen manifestiert hat.

Ebenso wie das anglo-schottische Recht ist das deutsche Vertragsrecht bestimmt von den Begriffen Angebot und Annahme[63)], d.h. erst bei Vorliegen dieser beiden

---

59) RGRK-Piper aaO § 147 Rdnr. 5

6o) BGHZ 18, 212 (216)

61) Schmidt aaO S. 399

62) BGH JZ 51, 783; vgl. auch Baumbach/Duden/Hopt aaO § 346 Anm. 4 A m.w.N.; BGHZ 1, 353 (355); BGH BB 1974, 524

63) Vgl. stellvertretend Larenz-AT aaO § 18 I; Medicus AT aaO Rdnr. 356 ff.

Voraussetzungen entstehen aufgrund der Einigung für die Vertragspartner Rechte und Pflichten. Wenn also das bloße Schweigen eine derartige Bindungswirkung zeitigen soll, so liegt es nahe, daß dieses Untätigsein wie eine Annahme zu qualifizieren sein müßte. Damit rückt ein anderer zentraler Begriff des deutschen Vertragsrechts in den Blickpunkt: die Willenserklärung als terminus technicus beherrscht den Fragenkreis um Angebot und Annahme[64]. Die hervorragende Bedeutung erfährt die Willenserklärung dadurch, daß die Privatperson durch sie ihre Rechtsverhältnisse gestaltet. Eine derartige Willenserklärung muß, damit sie rechtlich bindend wird, regelmäßig[65] von der anderen Partei zur Kenntnis genommen werden können, d.h. die Annahme ist eine einseitige, empfangsbedürftige Willenserklärung[66]. Jedoch ist mit dieser Feststellung noch keine Klarheit darüber gewonnen, ob das bloße Schweigen den Tatbestand einer empfangsbedürftigen Willenserklärung erfüllt oder erfüllen kann; mit anderen Worten bedarf es einer Erklärung, worin das Charakteristische einer Willenserklärung liegt.

Nach Enneccerus-Nipperdey[67] ist unter der Erklärung die Äußerung des Geschäftswillens zu verstehen; als menschliche Handlung erfordert diese einen Handlungswillen. Das äußere Verhalten muß den Schluß zulassen, der "Erklärende" habe einen bestimmten Geschäftswillen bzw. der Wille ziele auf einen bestimmten rechtlichen

64) Vgl. stellvertretend für alle Larenz-AT aaO § 19 I

65) Ausnahme in §§ 151, 152 BGB

66) Statt aller: Palandt-Heinrichs aaO § 148 Anm. 1; Staudinger-Dilcher aaO Vor §§ 116 ff. Rdnr. 1 ff.

67) Enneccerus-Nipperdey aaO § 145 II A 2 ff.

Erfolg ab[68]. Anders ausgedrückt, von einem äußeren Verhalten kann man nur dann auf einen Geschäftswillen schließen, wenn der Äußernde sich darüber im klaren ist, daß dieses sein Verhalten Indiz für einen Geschäftswillen sein kann. Sie ist eine auf eine Rechtswirkung gerichtete Privatwillensäußerung, die allein oder in Verbindung mit anderen Willenserklärungen oder sonstigen durch den Willen in Bewegung gesetzten Tatbestandsteilen als Grund der gewollten Rechtswirkung anerkannt ist. Dies bedeutete, daß die Begründung, Aufhebung oder Änderung eines Rechtsverhältnisses Ziel der Willenserklärung ist, d.h. daß ein sogenannter Geschäftswille vorhanden sein muß[69]. Somit muß das Verhalten einen sogenannten "Erklärungswert" haben[7o].

Aus dieser Feststellung resultiert die im deutschen Recht auftauchende Frage, ob der eigentliche Geltungsgrund für die aus einer Willenserklärung resultierenden Rechtsfolgen der eigentliche, d.h. subjektiv vorgestellte Wille oder der aus dem äußeren Verhalten ersichtliche Wille ist. Begründungen für die eine oder andere Ansicht finden sich im deutschen Recht in den Werken der Anhänger der Willens-[71] und der Erklärungstheorie[72]. Die zwischen ihnen auftretenden Meinungsverschiedenheiten finden heute ihren Nährboden in einer vom Gesetzgeber versuchten Mittellösung[73] im BGB[74]:

---

68) Schmidt-Salzer-Wille aaO S. 283

69) Enneccerus-Nipperdey aaO § 145, § 137 III 1

7o) Enneccerus-Nipperdey aaO § 153 I

71) Vgl. zur Willenstheorie Enneccerus-Nipperdey aaO § 2o5 I 1

72) Siehe v. Hippel-Problem S. 8 ff.; Brox-Einschränkung aaO S. 45 ff. (49); vgl auch zum Ganzen Müko-Kramer aaO Vor § 116 Rdnr. 4

73) Vgl. H. Lehmann aaO § 34; H. Lange aaO §§ 37, 54

74) Vgl. Motive I aaO S. 19o

Während mit § 133 BGB, wonach "der wirkliche Wille zu erforschen sei", das Schwergewicht auf der Willenstheorie zu liegen scheint[75], kommt das gegensätzliche Element der Erklärungstheorie in den Vorschriften über den Irrtum (§ 119 BGB) - die auf der Basis der Willenstheorie überflüssig wären, da per definitionem ein Irrtum unmöglich ist[76] - und § 157 BGB zum Vorschein[77]. Man beruft sich für die Erklärungstheorie auf die vorläufige Gültigkeit, für das Willensprinzip dagegen auf die definitive Nichtigkeit, die nur dann nicht eintritt, wenn es sich um unwesentliche Differenzen zwischen Wille und Erklärung handelt, oder wenn der Erklärende seine Rechte nicht wahrnimmt. Mit anderen Worten hat der Theorienstreit noch immer im Gesetzeswortlaut bzw. in der Gesetzessystematik seine Wurzel. Insbesondere Larenz[78] versucht mit einem modifizierten neuen Modell diesen Theorienstreit zu überwinden. Die Anhänger dieser Auffassung sehen in einer Willenserklärung eine "Geltungserklärung". Anders ausgedrückt wird die Willenserklärung nicht mehr in eine innere, subjektive Seite und einen äußeren, objektiven erklärten Bestandteil aufgespalten, sondern als einheitlichen Akt, der eine Rechtsfolge zur Konsequenz hat, verstanden.

Nach dieser Auffassung ist also die Kenntnisnahme durch den Adressaten Wirksamkeitserfordernis, d.h. für diesen

---

75) Befürworter dieser Meinung ist beispielsweise auch Staudinger-Coing aaO Vorbem. § 116 Rdnr. 3 ff.

76) Vgl. BGHZ 21, 319 (328); Flume AT § 16, 3a, S. 307

77) Siehe beispielsweise für diesen Ansatz Soergel-Knopp aaO § 157 Rdnr. 7; Flume AT aaO § 16, 3a, S. 308

78) Larenz AT § 25 I, vgl. aber auch Enneccerus-Nipperdey §§ 145 II und 154 II 3; Soergel-Hefermehl Anm. 3 und 5 Vor § 116

liegt immer dann eine Willenserklärung vor, wenn er aus dem Verhalten des Erklärenden auf einen Rechtsfolgewillen schliessen kann. Daraus wiederum folgt, daß bei einem Auseinanderfallen von Wille und Erklärung diese Divergenz der Erklärende zu vertreten hat[79)].

Damit stellt sich die überwiegende Literaturmeinung in Deutschland auf den Standpunkt, daß es bei einer empfangsbedürftigen Willenserklärung auf den objektiven Erklärungsinhalt und nicht auf den subjektiven Willen ankomme[8o)]. Überzeugend begründet wird diese Ansicht damit, daß der Erklärende "zur Kontrolle seines Verhaltens verpflichtet ist und ihm infolgedessen die Verantwortung für das nur scheinbar auf einen bestimmten rechtsgeschäftlichen Willen hindeutende Verhalten obliegen muß"[81)].

Korrektiv und ausgleichendes Element dieser sozialen Verantwortung ist einmal die Konstruktion, daß als Erklärung nur das gewertet wird, was jeder objektive Dritte als solche erkennen mußte[82)]; zum anderen, daß sich auch der Erklärungsempfänger um Aufklärung des tatsächlich Gewollten bemühen muß[83)]. Betrachtet man die deutsche Rechtsprechung zu diesem Punkt, so läßt sich eine eindeutige Tendenz zur objektiven Erklärungsbedeutung feststellen; dies vor allem auch dann, wenn es um die Frage geht, ob überhaupt ein geäußerter Wille

---

79) Schmidt-Salzer-Wille aaO S. 284; Palandt-Heinrichs aaO Vor § 116 Anm 1a; Kellmann aaO S. 6o9 f. m.w.N.

8o) Schmidt-Salzer-Wille aaO S. 284 m.w.N.; s. auch Gudian aaO S. 234 m.w.N.; Kellmann aaO S. 6o9 f. m.w.N.; Palandt-Heinrichs aaO Vor § 116 Anm. 1a

81) Schmidt-Salzer-Wille aaO S. 285; ähnlich Larenz-Methodenlehre aaO S.285; Gudian aaO S. 234

82) Soergel-Hefermehl aaO Vor § 116 Rdnr. 6,8,9; BGHZ 21, 1o2 f.

83) Soergel-Hefermehl aaO Vor § 116 Rdnr. 19; Larenz-Methodenlehre aaO S. 285 Fn. 33

der Erklärung immanent ist oder nicht[84]. Noch weitergehende Urteile stellen sogar darauf ab, daß es nicht darauf ankomme, ob der Zurechnungsadressat der Erklärung den Willen zur Abgabe einer Willenserklärung gehabt habe[85]. Die sich aus dieser Darstellung ergebende Problematik läuft folgerichtig auf die Frage hinaus, ob und inwieweit das Schweigen als reines Untätigkeitbleiben als Willenserklärung angesehen werden kann.

Im deutschen Recht ist ebenfalls anerkannt, daß das bloße Nichtstun generell keinen Erklärungstatbestand schafft, also weder Zustimmung noch Ablehnung zum Ausdruck bringt, es sei denn, die Parteien haben das Schweigen als Erklärungszeichen in dem einen oder anderen Sinn vereinbart[86]. Also kommt diesem Verhalten ohne Betrachtung sonstiger Begleitumstände kein Erklärungswert zu[87]. Auf der anderen Seite wird im allgemeinen angenommen, daß das Schweigen einer Vertragspartei dann als positive Erklärung aufzufassen ist, wenn den Schweigenden eine Verpflichtung zum Widerspruch träfe; dabei kann diese Verpflichtung Ausfluß des Grundsatzes von Treu und Glauben oder der Verkehrssitte sein[88]. Das Zurechnungskriterium ist also in diesem Fall das in dem Dritten hervorgerufene Vertrauen, das geschützt

---

84) RGZ 95, 124; BGH BB 1963, 497; BGJ NJW 1968, 21o3; BAG NJW 1971, 1423 m.w.N.

85) BGH NJW 1966, 1915; BGH VersR 1968, 92; 1968, 293

86) Vgl. Palandt-Heinrichs aaO Vor § 116 Anm. 3a, 3b; Flume AT aaO § 5, 2b; BGH BB 196o, 3o6

87) Sonnenberger aaO S. 212

88) Palandt-Heinrichs aaO Vor § 116 Anm. 3b nn; aus Gründen der Systematik, insb. bezüglich der Vergleichbarkeit der untersuchten Rechtsordnungen, wird auf gesetzliche Regelungen, denen eine derartige Wertung immanent ist (z.B. §§ 416, 516 BGB, § 362 HGB) später einzugehen sein; Vgl. Teil E. II.

werden muß[89]. In diesen Situationen kann das bloße Schweigen also "beredt" werden[90].

Liegen diese Voraussetzungen vor, so ersetzt das reine Schweigen die ausdrückliche Erklärung im Rahmen des Rechtsgeschäfts[91]. Damit hat der aus dem kanonischen Recht stammende Satz "qui tacet consentire videtur, ubi loqui potuit ac debuit" seinen Eingang in das geltende deutsche Recht gefunden. Aus dieser Behandlung des Schweigens folgt jedoch gerade nicht, daß das Schweigen eine Willenserklärung ist, sondern vielmehr werden nur die Rechtswirkungen insoweit gleichgesetzt. Das Schweigen ist demnach keine Erklärungshandlung, sondern die rechtliche Bedeutung liegt in dem Unterlassen des möglichen oder gebotenen Widerspruchs[92].

2. Zusendung unbestellter Waren im deutschen Recht

Die Zusendung unbestellter Waren ist auch ein dem deutschen Rechtssystem vertrautes Problem; sie stellt seitens des Absenders ein Angebot zum Vertragsschluß

---

89) So schon im Ansatz das Reichsgericht in RGZ 95, 122 (124); vgl. auch BGH LM 6 zu § 150: "Darüber hinaus machen es Treu und Glauben sowie die Rücksicht auf die Verkehrssitte erforderlich, daß derjenige, der durch schlüssiges Verhalten den Eindruck erweckt, als habe er einen Geschäftswillen gehabt und geäußert, ohne daß ein solcher Wille tatsächlich vorhanden ist, sich so behandeln lassen muß, als habe er einen Geschäftswillen erklärt (§ 242 BGB)".

90) Müko-Kramer aaO Vor § 116 Rdnr. 23

91) Staudinger-Dilcher aaO Vor §§ 116 ff. Rdnr. 55 mit Hinweisen auf Coing in der Vorauflage

92) Staudinger-Dilcher aaO Vor §§ 116 ff. Rdnr. 44 ff.; Larenz AT aaO § 19 IV c; Flume AT aaO § 5, 2

dar[93], und zwar im Unterschied zum englischen und schottischen Recht bezieht sich dieses Angebot nicht nur auf den schuldrechtlichen, sondern gleichzeitig auch auf den dinglichen Vertragsschluß[94].

Auf der Seite des Empfängers entsteht durch eine derartige Zusendung keine Rechtspflicht zur Äußerung, wenn dieser die Ware nicht wünscht[95]. Dies ist selbst dann der Fall, wenn der Angebotsabsender das Schweigen ausdrücklich als Annahme verstanden wissen will und dies dem Angebotsempfänger auch mitteilt. Die Passivität des Empfängers führt also grundsätzlich nicht zu einer rechtlichen Bindung. Gleiches gilt, wenn Empfänger eine ihm vom Absender gesetzte Frist stillschweigend verstreichen läßt[96]. Eine Äußerungspflicht besteht selbst in den Fällen nicht, wo der Angebotsempfänger seinerseits zuvor Interesse an der Ware durch Anfordern von Prospekt- und Informationsmaterial bekundet hat. Dadurch entsteht nach Auffassung des BGH vor allem auch keine laufende Geschäftsbeziehung[97], weil es an einem für diese typischen Vertrauensverhältnis fehlt.

Davon zu unterscheiden ist der Fall, daß der Angebotsempfänger tatsächlich die unbestellt zugesandten Waren behalten will. Hier kommt der Vertrag zustande, ohne daß

---

93) Vgl. zu den verschiedenen Formen der Zusendung von unbestellten Waren Wessel aaO S. 434 (z.B.: Zusendung unter ausdrücklicher Freistellung von einer Zahlungs-, Rückgabe- und Aufbewahrungspflicht, unter Nachnahme, unter gleichzeitiger Ankündigung des Vertreterbesuches, nach vorheriger Prospektanforderung)

94) Staudinger-Dilcher aaO § 146 Rdnr. 12

95) Staudinger-Dilcher aaO § 146 Rdnr. 12; Soergel-Lange-Hefermehl aaO § 145 Rdnr. 54; RGZ LZ 1919, 966; RGRK-Piper aaO § 145 Rdnr. 17; Wessel aaO S. 432

96) Erman-Hefermehl aaO § 147 Rdnr. 4

97) Vgl. Wessel aaO S. 434

der Angebotsempfänger seine Annahmeabsicht dem Absender mitteilen muß[98]. Dies ist Ausfluß des § 151 BGB, wonach die Annahme im Falle des Verzichts durch nicht-empfangsbedürftige Annahmeerklärungen erfolgen kann. Allerdings wird man bei dieser Fallkonstellation verlangen müssen, daß der Annahmewille sich wenigstens anderweitig manifestiert hat, z.B. durch Gebrauch, Verzehr, Zahlung des Kaufpreises etc. (sogenannte schlüssige Annahme)[99].

Eine Ausnahme von den obengenannten Regeln ist dann möglich, wenn zwischen Angebotsabsender und schweigendem Empfänger eine länger andauernde Geschäftsbeziehung besteht und der Absender davon ausgehen kann, daß die unbestellt übersandte Ware den Erfordernissen und Wünschen des Empfängers entspricht[1oo]. Dies ist vor allem für Kaufleute[1o1] der Fall, wobei allerdings die Kaufmannseigenschaft alleine nicht der zu dieser Annahme führende Grund sein kann[1o2].

III. Rechtsvergleichende Aspekte und Ergebnis

Ein Vergleich der untersuchten Rechtsordnungen läßt auf den ersten Blick einen fast völligen Mangel an rechtstheoretischer Aufarbeitung in bezug auf das Zustandekommen von Verträgen im anglo-schottischen Recht erkennen; demgegenüber tritt im deutschen Recht vor allem

---

98) Staudinger-Dilcher aaO § 146 Rdnr. 12; RGRK-Krüger-Nieland aaO § 146 Rdnr. 3 und § 151 Rdnr. 4

99) RGRK-Piper aaO § 145 Rdnr. 17

1oo) RGZ LZ 1919, 966; Wessel aaO S. 435

1o1) BGH LM Nr. 4 zu § 157 [6b] ; Wessel aaO. S. 435

1o2) Soergel-Lange-Hefermehl aaO § 145 Rdnr. 54

der Begriff der Willenserklärung in den Vordergrund einer umfassenden dogmatischen Bearbeitung und wird entscheidendes Kriterium für den Vertragsschluß. Trotz dieses völlig unterschiedlichen Ansatzes ist aber für die Frage, ob ein Vertrag zustande gekommen ist, eine weitgehende Übereinstimmung in den Grundvoraussetzungen feststellbar: Tragendes Element ist immer die Willensübereinstimmung, der consensus, der auf einen bestimmten, von den Parteien gewollten rechtlichen Erfolg zielt. Der Rechtsbindungswille muß daher stets zum Ausdruck gekommen sein.

Eine signifikante Unterscheidung liegt aber bei den Lösungsansätzen vor, wann eine derartige Willensübereinstimmung gegeben ist. Die anglo-schottische Vorgehensweise stellt auf die "communication", die Bekanntgabe des Willens und somit auf ein objektives, jederzeit feststellbares Kriterium ab. Erklärung und Wille werden als Einheit behandelt. Unberücksichtigt muß bei einem derartigen Ansatz bleiben, in welchen Formen eine Willenserklärung geäußert werden kann. Eine Bekanntgabe einer Annahme setzt begrifflich immer auch ein irgendwie geartetes aktives Handeln voraus - eben das objektiv jederzeit feststellbare Handeln.

Man könnte die anglo-schottische Lösung auch dahingehend charakterisieren, daß die Antwort auf die Frage einer stillschweigenden Vertragsannahme verhaltensorientiert und personenbezogen beantwortet wird - die Parteien müssen sich so verhalten haben, daß ein objektiver Betrachter daraus eindeutige Rückschlüsse auf den Willen ziehen kann. Damit wird eine Brücke zum konkludenten Verhalten geschlagen. Geradezu zwangsläufig und folgerichtig ergibt sich aus diesem Ansatz, daß das bloße

Schweigen nicht auf eine Willensübereinstimmung hinweist. Gleichfalls folgerichtig ist, daß diese Grundposition wegen ihrer Betonung der erforderlichen Aktivität der Parteien beim Vertragsschluß keine Ausnahme im Ansatz zuläßt.

Wenngleich auch im deutschen Recht inzwischen die Betonung im objektiven Bereich zu liegen scheint, so stellt sich die Dogmatik demgegenüber mit der Betonung, was Wille ist und was das tragende Element einer Willenserklärung ist, eine Weiche, die zumindest denkgesetzlich zwei Alternativen eröffnet - beide wurden von den Vertretern der Willens- und Erklärungstheorie ausgefüllt. Hinter diesen Alternativen verbirgt sich allerdings auch die Möglichkeit, dem Nichtstun, dem Schweigen eine Wirkung beizumessen.

Eine sich daran anschließende und somit nur als folgerichtig anzuerkennende Lösung führt dazu, daß bereits in der Grundebene des deutschen Vertragsrechts festgestellt werden kann, daß Schweigen dort wie eine Willenserklärung behandelt wird, wo die andere Partei nach Treu und Glauben eine gegenteilige Äußerung erwarten durfte.

Mit anderen Worten scheint im Vergleich zum anglo-schottischen Recht das deutsche Recht insbesondere mit seiner dogmatischen Behandlung der Lehre vom Rechtsgeschäft und den sie umgebenden Begriffen von Angebot, Annahme und Willenserklärung ein weitergehendes Verständnis, eine weiterreichende Konzeption für die dem Vertragsrecht zugrundeliegenden Grundsätze zu haben. Gleichwohl führt das nicht zu gravierenden Spannungen oder gar zu Brüchen in der Systematik, wenn es um die Frage der Behandlung des Schweigens einer am Vertrag beteiligten Person geht, sondern eine rechtliche Behandlung wird dadurch geradezu erst ermöglicht. Dabei sollte nicht übersehen werden, daß diese theoretische Aufarbeitung zunächst komplizierter und damit unklarer wirkt. Dagegen scheint das anglo-schottische Recht ein hohes Maß an Rechtssicherheit und -klarheit dadurch zu gewährleisten, daß Ausnahmen vom Ansatz unmöglich erscheinen oder doch zumindest schwer zu begründen sein dürften.

Damit kann bereits im Bereich der Grundprinzipien zum Vertragsschluß im deutschen Recht der Satz von H. Dilcher unterschrieben werden, wonach "durch rechtlich relevantes Verhalten aufgrund einer Vertrauenshaftung gem. § 242 BGB Leistungspflichten entstehen können, deren Begründung oder Veränderung normalerweise rechtsgeschäftlich erfolgt sein müßte"[103].

Dieser Ansatz von Treu und Glauben birgt auch das Kriterium der Zumutbarkeit in sich, das zu einer positiven Bewertung des Schweigens führen kann, während im anglo-schottischen Recht gerade das Fehlen eines Sachverhaltes, aus dem eine Zumutbarkeit herrühren könnte, dazu führt, daß es keine rechtlich positive Bewertung des Schweigens in diesem Bereich des Vertragsschlusses gibt.

Betrachtet man die Lösungen, die die untersuchten Rechtsordnungen für das Problem der Zusendung unbestellter Waren entwickelten, so scheinen auf den ersten Blick doch ganz gravierende Unterschiede erkennbar: im deutschen Recht kommt ein Vertrag aufgrund der allgemeinen Prinzipien zum Vertragsschluß nicht zustande, im englischen Recht wird das Angebot in ein unbedingtes Geschenk umgedeutet, obwohl an sich aufgrund der Formstrenge ein Vertrag als nicht gegeben angesehen werden dürfte.

Bei näherem Zusehen erweist sich jedoch dieser Widerspruch im anglo-schottischen System als doch nicht vor-

---

103) Staudinger-Dilcher aaO Vor §§ 116 ff. Rdnr. 49

handen, denn zu einer Vertragsannahme in bezug auf einen Kaufvertrag kommt es gleichwohl nicht[1o4]. Vielmehr ist die Umdeutung in ein Geschenk wohl eine rechtspolitische Entscheidung gewesen, die den Anbieter mit dem drohenden Verlust der Sache wegen seines regelmäßig im Ansatz unredlichen Verhaltens belasten will.

Festzuhalten bleibt, daß die drei untersuchten Rechtsordnungen in einem Fall der unbestellten Zusendung durch einen Anbieter ihren Grundprinzipien entsprechend einen Vertragsschluß durch stillschweigende Annahme verneinen.

Auf der anderen Seite läßt sich feststellen, daß sich die drei untersuchten Rechtsordnungen unisono dahingehend entschieden haben, dem reinen Nichtstun, dem bloßen Stillschweigen einer Partei im Rahmen des Problemkreises "Vertragsschluß" im Grundsatz keine rechtliche Wirkung zumessen zu wollen; es ist somit in der Regel als "nullum" anzusehen. Diese Bewertung entbindet damit die dem Recht unterworfenen Personen gleichsam von einer Äußerungspflicht, die jede andere grundsätzliche Behandlung dieses Verhaltens zwangsläufig zur Folge hätte. Daß eine solche Pflicht für das Zusammenleben in der Gesellschaft, d.h. in wirtschaftlicher und praktischer Hinsicht, wenig wünschenswert und noch weniger sinnvoll wäre, dürfte auf der Hand liegen. Mit anderen Worten dient die in den drei Rechtsordnungen vor-

---

1o4) Daß das Angebot in ein unbedingtes Geschenk umgedeutet werden kann, entspricht dem englischen Recht bezüglich des "gift". Danach ist eine Annahme durch den Beschenkten nicht notwendig; vielmehr geht das Eigentum mit der Schenkungshandlung über, d.h. es sind bereits Fälle denkbar, daß der Begünstigte von der Schenkung keine Kenntnis hat. Vgl. zum ganzen Halsbury-Maurice aaO Vol. 2o para 47 m.w.N. auf die Rechtsprechung.

genommene Grundregel im Prinzip in gleicher Ausformung in erster Linie einem reibungslosen Ablauf des Rechtslebens, bei dem die fehlende und regelmäßig nicht einseitig aufoktroyierte rechtliche Beziehung zwischen den Individuen den Normalzustand darstellt.

C. Das (Ver-)Schweigen während Vertragsverhandlungen

I. (Ver-)Schweigen im Rahmen der "misrepresentation"-Lehre (Doktrin der unrichtigen Tatsachendarstellung)

1. Grundzüge

Eine im Vorfeld eines Vertrages abgegebene falsche Erklärung oder Behauptung über Tatsachen und Umstände, die den Vertragsgegenstand betreffen und die den Erklärungsempfänger (representee) veranlaßt, einen Vertrag mit dem Erklärenden (representor) abzuschließen, stellt eine sogenannte "misrepresentation" dar. Sie kann entweder ausdrücklich erfolgen oder aus bestimmten Handlungen und Gegebenheiten geschlossen werden[105]. Fraglich ist aber im englischen und schottischen Recht, inwieweit auch das Schweigen einer Vertragspartei als eine solche "misrepresentation" zu qualifizieren ist. Das englische Recht steht auch heute noch auf dem Standpunkt, daß es für die Vertragsparteien keine allgemeine Pflicht gibt, die andere Partei im Vorfeld des Vertragsschlusses über Tatsachen zu informieren (duty of disclosure), die den Vertragsgegenstand betreffen und die diese nicht kennt, die jedoch Einfluß auf den Willensbildungsprozeß haben könnten. Mit anderen Worten führt das Schweigen in bezug auf den Vertragsgegenstand nicht in jedem Fall dazu, daß der andere Vertragspartner bei späterer Kenntniserlangung Rechte, wie zum Beispiel die Rückgängigmachung, geltend machen kann. Insofern hat das

---

105) Walker-Principles I aaO S. 529; Cheshire/Fifoot 10th ed. aaO S. 240 m.w.N.; Beyer aaO S. 3 m.w.N.

englische Prinzip des "caveat emptor" generell den Vorrang[106)] (unerheblich ist, ob es sich um Kaufverträge über bewegliche oder unbewegliche Sachen oder sonstige Vereinbarungen handelt)[107)]; danach muß jede Vertragspartei ihre Interessen selbst sachgerecht wahrnehmen und somit sich selbst informieren (tacit acquiescence in the self-deception of another creates no legal liability)[108)].

Der Grund für dieses Prinzip wird darin gesehen, daß im Rahmen der Vertragsverhandlungen keine der Parteien eine Pflicht zur Wahrnehmung der berechtigten Interessen der anderen hat. Eine solche Verpflichtung könnte sich nur aus dem Wesen einer sogenannten "fiduciary relationship"[109)], einem besonderen Vertrauensverhältnis ergeben, an dem es aber regelmäßig fehlt. Wie weit die Rechtsprechung diese "caveat-emptor"-Regel anzuwenden bereit ist, zeigt beispielsweise der Fall Keates v. Lord Cadogan[110)], wo der Kläger ein sofort bezugsfähiges Haus kaufen wollte. Der Beklagte wußte dies, teilte jedoch nicht mit, daß das ins Auge gefaßte Anwesen baufällig war. Die spätere Klage des Käufers konnte deshalb im Rahmen der "misrepresentation"-Lehre keinen Erfolg haben, weil er sich nicht

---

106) Bell v. Lever Bros. Ltd. (1932) A.C. 161 per Lord Atkin at p. 227: "The failure to disclose a material fact which might influence the mind of a prudent contractor does not give the right to avoid the contract". Sutton and Shannon aaO S. 166

107) Turner v. Green (1895) 2 Ch. 205; Cheshire/Fifoot 10th ed. aaO S. 240 m.w.N.

108) Cheshire/Fifoot 10th ed. aaO S. 240

109) Cheshire/Fifoot 10th ed. aaO S. 240

110) Keates v. Lord Cadogan (1851) 10 C.B. 591

selbst über den Bauzustand informiert hatte. Mit anderen Worten stellt die einfache Unvollständigkeit oder das Fehlen einer Aussage im Rahmen der Vertragsverhandlungen keinen Tatbestand im Sinne der "misrepresentation"-Lehre dar[111].

Daraus folgt, daß für die Annahme einer "misrepresentation" lediglich ein Schweigen in der Regel nicht ausreicht[112], sondern vielmehr ein positiver Akt, sei es wörtlicher Natur, oder sei es durch aktives Handeln, vorliegen muß. Diese grundsätzliche Haltung gegen eine Aufklärungs- und Offenlegungspflicht während der Verhandlungen nimmt auch das schottische Recht bei Verträgen, die von einem reinen Interessengegensatz der Verhandlungspartner geprägt sind, ein. Hier sind insbesondere die Handels- und Warenverträge zu nennen (mercantile contracts, where men contract at arm's length)[113]. Danach muß auch hier jede Partei ihre Interessen hinsichtlich der Beurteilungsgrundlagen selbst wahrnehmen. Gleichwohl stellt sich die Frage, ob dieses Prinzip ausnahms-

---

111) Re Coal Economising Gas Co., Gover's Case (1875) 1 Ch. D. 182 at 199 C.A. per Brett, J.; Re Christineville Rubber Estates Ltd. (1911) 28 T.L.R. 38

112) Halsbury-Furmston aaO Vol. 31 para 1053: "However, the dropping of a single word or the making of a single gesture in such a case may amount to evidence of a misrepresentation". Phillips v. Homfray, Fothergill v. Phillips (1871) 6 Ch. App. 770 at p. 777-780; Fox v. Mackreth (1788) 2 Cox Eq.Cas. 320 per Lord Thurlow. Vgl. auch Smith v. Hughes (1871) L.R. 6 Q.B. 597 at p. 603, 604, 607, 610, 611

113) Smith aaO S. 835; Bell aaO § 14; Walker-Principles I aaO S. 531 m.w.N.; Brownlie v. Miller (1880) 7 R (H.L.) 66; Aitken v. Pyper (1900) 8 S.L.T. 258; Royal Bank v. Greenshields (1914) S.C. 259

los gilt bzw. wenn es Ausnahmen gibt, welche tatbestandsmäßigen Voraussetzungen erfüllt sein müssen.

2. Teilweises Verschweigen als "misrepresentation"

Eine Ausnahme von diesem allgemeinen Prinzip wird dann angenommen, wenn ein Vertragspartner zunächst eine positive Erklärung über den Vertragsgegenstand abgibt bzw. eine gleichwertige Handlung (active concealment) vornimmt. Welche Ausprägung oder Form diese wenigstens haben muß, wird aus der Darstellung von Furmston[114] deutlich, in der es heißt: "Any omission from a statement of reference to qualifying or supplementary facts and circumstances, such as to make what is stated so one-sided, or so absolute, a version of the entirety of the facts as to amount to a travesty, and not an accurate summary, is enough to establish a misrepresentation". Der eine Vertragspartner legt also nicht alle ihm verfügbaren Informationen offen, sondern verschweigt dem anderen Vertragspartner die für diesen ungünstigen Tatsachen[115], so daß insgesamt seine Aussage durch die Teilerklärungen nur noch als falsch zu bezeichnen ist[116]. Verdeutlicht werden soll das an den beiden

---

114) Halsbury-Furmston aaO Vol. 31 para 1051

115) Es muß sich um eine Tatsachenbehauptung handeln; die lediglich Meinungsäußerung ist nicht ausreichend, um eine "misrepresentation" hervorzurufen. Vgl. Anson aaO S. 238

116) Peek v. Gurney (1873) L.R. 6 H.L. 377 per Lord Cairns at p. 403: "Mere non-disclosure of material facts, however morally censurable, however that non-disclosure might be a ground in a proper proceeding at a proper time for setting aside an allotment or a purchase of shares, would in my opinion, form no ground for an action in the nature of an action for misrepresentation. There must ... be some active

"leading cases" Schneider v. Heath[117], in dem der Verkäufer das zu verkaufende Schiff von der Werft zu Wasser läßt, um vor dem Käufer den völlig verrotteten Kiel zu verbergen und Dimmock v. Hallett[118], in dem der Beklagte dem Kläger im Rahmen eines Kaufvertrages über Farmland mitteilte, daß alle Pachthöfe verpachtet seien, jedoch verschwieg, daß alle Pächter die Kündigung erklärt hatten. In diesen Fällen wird durch die das Schweigen umgebenden Umstände geradezu eine positive Behauptung impliziert, die aber den tatsächlichen Gegebenheiten nicht entspricht. Auf einer vom Wesensgehalt entsprechenden Tatsachenlage basiert eine ähnliche Ausnahme, bei der die Ausführungen der Vertragspartner zunächst richtig sind; jedoch ändern sie sich noch vor Vertragsschluß entscheidend bzw. der eine Vertragspartner glaubt zunächst an die Richtigkeit seiner Ausführungen, erfährt aber später, daß die Umstände anders gelagert sind. Welcher Art diese Ausführungen sein bzw. welchen Charakter in bezug auf den Vertragsgegenstand diese haben müssen, verdeutlicht der Fall With v. O'Flanagan[119]; danach muß es sich nur um wesentliche

---

116) (Fortsetzung)
misstatement of fact, or, at all events such a partial and fragmentary statement of fact as that the withholding of that which is not stated makes that which is stated absolutely false".

117) Schneider v. Heath (1813) 3 Camp. 505; vgl. auch Cottee v. Douglas Seaton (Used Cars) Ltd. (1972) 1 W.L.R. 1408 at p. 1417. Weitere Nachweise siehe Halsbury-Furmston Vol. 31 aaO para 1051 Fn. 1

118) Dimmock v. Hallett (1866) L.R. 2 Ch.App. 21

119) With v. O'Flanagan (1936) Ch. 575; (1936) 1 All E.R. 727; Sutton and Shannon aaO S. 167 f.: "When a person makes a statement which is true when made, he is deemed to make it continuously whilst negotiations are pending, and if it becomes untrue, he must correct the statement, for his silence amounts to representation that the statement is still true, and so amounts to misrepresentation".

Fakten und Umstände handeln, denn insgesamt übernehme der anbietende Vertragspartner keine Garantie für alle den Vertragsgegenstand betreffenden Tatsachen (Lord Wright, M.R.: "A representation is not like a warranty ... it is enough if it is substantially true ..."). In beiden Fällen muß die Vertragspartei, in deren Sphäre die Veränderung stattfindet, der anderen diese mitteilen[120] (vgl. zu der sich sonst möglicherweise ergebenden Schadensersatzpflicht: Misrepresentation Act 1967 (c.7), s. 2(1))[121].

Das Untätigbleiben bzw. Schweigen wird ferner dann als Fall der "misrepresentation" behandelt, wenn der Schweigende weiß, daß seinem Vertragspartner durch Dritte falsche Informationen bezüglich des Vertragsgegenstandes

---

120) Davies v. London & Provincial Marine Insurance Co. (1878) 8 Ch.D. 469 per Fry, J. at p. 475, der ausführt, daß "the duty of disclosure may arise from circumstances which occur during the negotiation, e.g. the subsequent discovery by the representor that what he had originally stated, was false at the time, or the supervening of the facts rendering false, what was originally true". Vgl. auch Turner v. Green (1895) 2 Ch. 205; Wales v. Wadham (1977) 1 W.L.R. 199; English v. Dedham Vale Properties Ltd. (1978) 1 W.L.R. 93; siehe für Schottland: Shankland v. Robinson (1920) S.C. (H.L.) 103, 111

121) Where a person has entered into a contract after a misrepresentation has been made to him by another party thereto and as a result thereof he has suffered loss, then, if the person making the misrepresentation would be liable to damages in respect thereof had the misrepresentation been made fraudulently, that person shall be so liable notwithstanding that the misrepresentation was not made fraudulently, unless he proves that he had reasonable ground to believe and did believe up to the time the contract was made that the facts represented were true.

bekanntgegeben wurden, und sich darauf verläßt[122]. Liegt ein Schweigen in einem der obengenannten Fälle vor, so kann daraus als Rechtsfolge die Vertragspartei, die dadurch ein ihr nachteiliges Geschäft gemacht hat, den Vertrag für nichtig erklären lassen (to avoid the contract) bzw. davon zurücktreten (to rescind the contract).

In Schottland erlangt das Schweigen ebenfalls in den Fällen Relevanz, wo es um ein teilweises (Ver-)Schweigen hinsichtlich von Umständen und Tatsachen geht. Während also das vollständige Unterlassen generell sanktionslos bleibt, ändert sich dies, wenn der eine Vertragspartner nur Teilinformationen gibt und so nur die halbe Wahrheit kund tut[123].

Wie schon im englischen Recht wird dieses Verhalten als "misrepresentation" aufgefaßt[124]; daneben besteht unter Umständen auch die Möglichkeit, einen aufgrund eines solchen Verschweigens geschlossenen Vertrag mittels einer "action in fraud" zu vernichten[125]. Für die Rechtsfolgenseite bedeutet dies, daß die betroffene Partei nicht nur den Vertrag rückgängig, sondern auch Schadens-

---

122) Pilmore v. Hood (1838) 5 Bing. N.C. 97 at p. 1o7; North British Insurance Co. v. Lloyd (1854) 1o Ex. 523 at p. 529

123) Gloag/Henderson aaO S. 75 ch. VIII 5; Duthie v. Carnegie 21. Jan., 1815 F.C. 162, 163; Paul v. Old Shipping Co. (1816) 1 Mur. 64, 7o

124) Walker-Principles I aaO S. 532 m.w.N.

125) Gloag/Henderson aaO S. 75 ch. VIII 5; Bell aaO § 14; nicht unumstritten: siehe smith aaO S. 834

ersatz geltend machen kann[126]. Neben einer vertragsrechtlichen Klageform kann also dann auch eine deliktische gewählt werden[127].

3. Schweigen bei Verhandlungen von Verträgen "Uberrimae Fidei" (Verträge mit starkem Vertrauenscharakter)

Eine sehr viel wichtigere Ausnahme[128], in der das (Ver-)Schweigen von Umständen bei Vertragsverhandlungen rechtliche Auswirkungen entwickelt, ist die Gruppe der Verträge, in denen zwischen den Parteien ein besonders starkes Vertrauensverhältnis herrscht oder eine sonstige enge Sonderbeziehung besteht[129]. In diesen Fällen ist nach englischem und schottischem Recht mehr erforderlich als sogenanntes kluges Schweigen (discreet reticence) der Vertragsschließenden[130], um zu einem voll wirksamen Vertrag zu gelangen.

---

126) Gloag/Henderson aaO S. 73 ch. VIII 2; Bell aaO § 13

127) Smith aaO S. 833

128) Nirk-RabelsZ aaO S. 334 sieht eine weitere Ausnahme vom allgemeinen Grundsatz des "caveat emptor" in den ss. 14 und 15 des Sale of Goods Act 1893, deren Inhalt weitgehend in die aktualisierte Fassung der ss. 14 und 15 Sale of Goods Act 1979 übernommen wurde. Tatsächlich handelt es sich dort aber nicht um einen Fall des Schweigens bei Vertragsschluß im Sinne einer culpa in contrahendo (so Nirk), sondern, wie schon der Wortlaut des SGA (1893) zeigt, um stillschweigend einbezogene Vertragsbedingungen, deren ausdrücklicher Einbeziehung es per Gesetz nicht bedarf (sogenannte "implied terms").

129) Anson aaO spricht in diesem Zusammenhang von "the utmost good faith" S. 260; Lillie aaO S. 390 von "of the greatest good faith".

130) Anson aaO S. 260; für Schottland vgl. Smith aaO S. 836; Gloag/Henderson aaO S. 74 ch. VIII 4

Die folgende Darstellung soll sich mit den Vertragstypen, bei denen eine wesentlich stärker ausgeprägte Offenlegungspflicht über die den Vertragsgegenstand betreffenden Fakten etc. angenommen wird, beschäftigen.

a) Versicherungsverträge

Als wohl häufigster und damit wichtigster Vertragstyp unterfällt der Versicherungsvertrag diesem Kriterium des besonderen Vertrauensschutzes; dabei ist es unerheblich, ob es sich um eine See-, Feuer- oder Lebensversicherung oder dergleichen handelt[131]. Es ist in diesem Zusammenhang darauf hinzuweisen, daß die Pflicht zur Offenlegung von Fakten, die das Versicherungsverhältnis betreffen können, nicht in einer allgemeinen gesetzlichen Regel oder einer solchen des common law ihren Ursprung finden, sondern dem fraglichen Versicherungsvertrag selbst stillschweigend immanent ist, der vor der eigentlichen Verpflichtung zur Zahlung im Schadensfall liegt[132], d.h. der Versicherer verpflichtet sich nur unter der Bedingung zur Zahlung, daß alle wesentlichen Fakten ihm zur Kenntnis gelangt sind. Eine Klarstellung durch gesetzliche Definition dessen, was unter dieser Offenbarungspflicht zu verstehen ist, bietet der Marine Insurance Act 19o6 [133], s. 18:

---

131) Chitty-Atiyah aaO para 461; Sutton and Shannon aaO S. 168 f.; Anson aaO S. 26o

132) Anson aaO S. 261; Pickersgrill (W.) & Sons Ltd. v. London & Provincial Marine and General Insurance Co. Ltd. (1912) 3 K.B. 614, per Hamilton J. at p. 621: "... an implied condition, contained in the contract itself, ...". Vgl. Joel v. Law Union and Crown Insurance Co. (19o8) 2 K.B. 863 at p. 886 zu diesem umstrittenen Punkt; vgl. Chitty-Atiyah aaO para 461 Fn. 32 m.w.N.

(1) The assured must disclose to the insurer, before the contract is concluded, every material circumstance which is known to the assured, and the assured is deemed to know every circumstance which, in the ordinary course of business, ought to be known by him. If the assured fails to make such disclosure, the insurer may avoid the contract.
(2) Every circumstance is material which would influence the judgment of a prudent insurer in fixing the premium, or determining whether he will take the risk.

Auffällig ist bei dieser gesetzlichen Regelung, daß die Offenbarungspflichten sich nicht nur - wie dies für alle übrigen Versicherungen gilt[134)] - auf den aktuellen Kenntnisstand im Hinblick auf die Fakten bezieht, sondern auch auf solche, die der Versicherungsnehmer im Rahmen der ordnungsgemäßen Wahrnehmung seiner Geschäfte hätte wissen müssen (deemed to know)[135)].

---

133) (Fortsetzung)
Marine Insurance Act 1906 6 Edw. VII c. 41; die Übertragung auf alle Versicherungsverträge ist heute anerkannt; vgl. Chorley/Giles aaO S. 314

134) Joel v. Law Union and Crown Insurance Co. (1908) 2 K.B. 863 at p. 884, 886; Sutton and Shannon aaO S. 169

135) Zu bemerken ist allerdings in diesem Zusammenhang, daß die Versicherungen in der Praxis sogenannte "basis of contract"-Klauseln verwenden, die dazu führen, daß der Versicherungsnehmer sich verpflichtet, auch solche Fakten zu offenbaren, die er entweder selbst noch nicht kennt oder die ohne vertraglich ausbedungene Verpflichtung zur Information nach den allgemeinen Regeln des common law nicht entscheidend für das Versicherungsverhältnis sind. Vgl. dazu Anson aaO S. 262; Dawsons Ltd. v. Bonnin (1922) 2 A.C. 413, 425 per Viscount Haldane; Chitty-Atiyah aaO para 462

Verstößt der Versicherungsnehmer gegen diese Pflichten, mit anderen Worten schweigt er im Hinblick auf wichtige Tatsachen und verstößt er dadurch gegen den "good faith"[136], so daß der Versicherungsvertrag beeinflußt sein könnte, so steht es im Ermessen des Versicherers, diesen Vertrag unwirksam werden zu lassen (to avoid the contract). Inwieweit Aufklärungspflichten über den Umfang der Versicherungsdeckung vom Versicherer gegenüber dem Versicherungsnehmer zu erfüllen sind, ist nicht ersichtlich.

Die Rechtslage in Schottland erfaßt ebenfalls die Versicherungsverträge in der Gruppe der contracts "uberrimae fidei". Daraus folgt, daß gleichermaßen eine Offenbarungspflicht des Versicherungsnehmers gegenüber dem Versicherer, unabhängig davon, ob jenem die Offenlegung wichtig erscheint oder ob es sich um für den Versicherer wichtige Informationen handelt[137], besteht.

b) Verträge über die Wahrnehmung fremder Interessen (fiduciary relationship)

Das (Ver-)Schweigen einer Partei im Vorfeld eines Vertrages wird ferner in solchen Verbindungen mit einer

---

136) Vgl. Carter v. Boehm (1766) 3 Burr. 1905, 1909 f.; London Insurance Co. v. Mansel (1879) 11 Ch.D. 363, 367

137) Craig v. Imperial Union Association Co. (1894) 1 S.L.T. 646, wonach zwar die Offenlegungspflicht besteht, jedoch der Vertrag bei einem Verstoß nur dann anfechtbar ist, wenn die fehlende Information zu Nachteilen beim Versicherer führt. The Sparthari (1925) S.C. (H.L.) 6; Mutual Insurance Society v. Tully (1935) S.L.T. 574; weitere Nachweise bei Walker-Principles I aaO S. 532 Fn. 4; Bell aaO § 14 m.w.N.

anderen Partei bedeutsam, wo es sich um eine sogenannte "confidential" oder "fiduciary relationship" handelt (Vertrauensbeziehung im Rahmen der Wahrnehmung fremder Interessen).

Auch hier besteht nach anglo-schottischer Rechtsprechung eine grundsätzliche Pflicht zur Offenbarung aller jener Fakten, die für das Vertragsverhältnis von Bedeutung sein können bzw. die die andere Vertragspartei als wichtig ansehen könnte.

Klassische Beispiele für eine derartige Vertrauensbeziehung, in denen von den Parteien verlangt wird, daß sie mit dem "utmost good faith" handeln, sind vor allem Vertreter und Vertretener (agent und principal), Rechtsanwalt und Mandant (solicitor und client)[138], Vormund und Mündel (guardian und ward) und Vermögensverwalter/ Treuhänder und Begünstigter/Nutznießer (trustee und beneficiary)[139]. Bemerkenswert in diesem Zusammenhang erscheint, daß das Verhältnis zwischen Dienstherrn und Dienstverpflichteten (employer und employee, master und servant) nicht in die Kategorie der Verträge "uberrimae fidei" fällt, sondern hier der Angestellte regelmäßig keine Pflicht hat, von ihm begangene Vertragsbrüche zu offenbaren, wenn es beispielsweise um die Frage der Abfindung bei vorzeitigem Ausscheiden aus dem Dienstverhältnis geht[140].

---

138) Nocton v. Lord Ashburton (1914) A.C. 932 at p. 965 H.L.; für Schottland: Aitken v. Campbell's Trs. (1909) S.C. 1217; Gillespie v. Gardener (1909) S.C. 1053

139) Anson aaO S. 264 m.w.N.; Sutton and Shannon aaO S. 169; für Schottland: Dougan v. Macpherson (1902) 4 F (H.L.) 7

140) Bell v. Lever Bros. Ltd. (1932) A.C. 161, insbes. S. 227 per Lord Atkin;

c) Gesellschaftsrechtliche Verträge

Zu der Gruppe der Verträge, in der das vorvertragliche Verschweigen von Tatsachen eine Verletzung der Offenlegungspflicht darstellt, gehören auch die Vereinbarungen, die sich auf den Erwerb von Gesellschaftsanteilen (shares) richten[141].

In diesem Fall trifft die Aufklärungspflicht die Direktoren sowie sonstige Verantwortliche, die das Gründungs- bzw. Emissionsgeschäft für die Gesellschaft betreiben, da sie allein die Kenntnisse besitzen, die für den Wert der Gesellschaftsanteile/Aktien ausschlaggebend und damit entscheidend für den künftigen Erwerber sind[142].

Diese ausführlichen Pflichten sind heute weitgehend in dem Companies Act 1985, s. 56 (1) und Schedule 3 Part I und Part II kodifiziert[143]. Allerdings ist festzuhalten, daß in dieser Fallgruppe ein Recht auf Rücktritt nicht automatisch mit dem Verschweigen von wesentlichen Tatsachen eintritt, sondern nur dann, wenn die Nichtoffenlegung zu einer Verfälschung (misrepresentation) des Aktienangebots/der Aktienausschreibung führt und der Erwerber aufgrund dieser falschen Ausgangslage Aktien erwarb[144].

---

140) (Fortsetzung)
allerdings scheint diese Auffassung nicht ganz unumstritten zu sein, denn der Court of Appeal ordnete dieses Vertragsverhältnis ebenfalls unter die Verträge "uberrimae fidei" ein. Vgl. aber die Vorinstanz (1931) 1 K.B. 557

141) Chitty-Atiyah aaO para 456 f.

142) Erlanger v. New Sombrero Phosphate Co. (1878) 3 App. Cas. 1218

143) Statutes In Force Vol. "Company" c. 6

144) Chitty-Atiyah aaO para 465 f.

Eine derartige Offenbarungspflicht im Rahmen des Aktienrechts findet wegen der umfassenden Wirkung des Companies Act 1985 auch in Schottland Anwendung[145].

Im Rahmen sonstiger Gesellschaftsverträge (contracts of partnership) ergibt sich für die Frage nach der Zulässigkeit des (Ver-)Schweigens keine andere Beurteilung. Hier können die Partner im Rahmen der Vertragsverhandlungen ihre Pflichten durch das Nichtoffenbaren von wesentlichen Tatsachen verletzen. Nicht erst in dem Zeitpunkt, in dem eine rechtliche Bindung besteht, treffen die Gesellschafter diese fundamentalen Pflichten (to act with the utmost good faith)[146]; sie betreffen allerdings nur die gemeinsamen Geschäfte und Aktivitäten[147]. So hat das Verschweigen von Fakten während der Vertragsverhandlungen und während der Liquidation (winding-up) der Gesellschaft negative Auswirkungen für die sich untätig verhaltende Partei[148].

---

145) Vgl. Companies Act 1985, s. 745; New Brunswick Ry. v. Muggeridge (1860) 1 Dr. & Sm. 363: "When a company issues a prospectus, a person contracting to take shares on the statements therein contained has a right not only not to be misled by any statements actually false, but to be informed of all the facts the knowledge of which might reasonably have deterred him from contracting. And if the prospectus in that sense contains misrepresentation, or the absence of true representation, the contract will not be enforced"; Central Ry. of Venezuela v. Kisch (1867) L.R. 2 H.L. 99

146) Chitty-Atiyah aaO para 472

147) Hinzuweisen ist in diesem Zusammenhang auf den Partnership Act 1890 (53 & 54 Vict. c. 39) ss. 28-30, in dem die meisten der die Partner betreffenden Pflichten niedergelegt sind.

148) Fawcett v. Whitehouse (1829) 1 Russ. & M 132

Für die Rechtslage in Schottland ergeben sich keine Unterschiede bei der Beurteilung von Vereinbarungen, die die Eingehung von Gesellschaftsverträgen (partnership) zum Inhalt haben; hier wird ebenfalls eine Offenbarungspflicht bereits während der Verhandlungen aus einer engen persönlichen Beziehung hergeleitet[149]. Daneben besteht wie im englischen Recht eine derartige Pflicht, wenn die Gesellschafter aus dem Gesellschaftsverhältnis heraus Vereinbarungen beispielsweise über ihre Anteile schließen[150].

d) Familienrechtliche Verträge

Eine weitere Fallgruppe, in der es in der anglo-schottischen Rechtsprechung aufgrund eines besonderen Vertrauensverhältnisses zu einer Offenlegungspflicht vor Vertragsschluß kommt, ist die der sogenannten "family settlements and arrangements"[151].

So wurde beispielsweise ein Vertrag zwischen einem ehelichen und einem angeblich unehelichen Kind über die Aufteilung des elterlichen Vermögens deswegen für nichtig erklärt, weil eine der vertragschließenden Parteien nicht offengelegt hatte, daß tatsächlich die Eltern vor der Geburt des ältesten (also angeblich unehelichen) Kindes heimlich geheiratet hatten[152].

---

149) Ferguson v. Wilson (1904) 6 F. 779; cf. Manners v. Whitehead (1898) 1 F 171; Smith aaO S. 836

150) Law v. Law (1905) 1 Ch. 140

151) Sutton and Shannon aaO S. 169; für Schottland: Bell aaO § 14; Gloag/Henderson aaO S. 74, ch. VIII, 4; Smith Cunninghame v. Anstruther's Trs. (1872) 10 M (H.L.) 9

152) Gordon v. Gordon (1821) 3 Swan. 400; vgl. aber dagegen Wales v. Wadham (1977) 2 W.L.R. 199; in diesem

Im Rahmen dieser Gruppe ist es daneben unerheblich, ob das Schweigen noch in den Vorverhandlungen oder bei konkretem Vertragsschluß stattfand; ebenso unberücksichtigt bleibt die Frage, ob der Schweigende sich über die Bedeutung des nicht offengelegten Faktums für den Vertragsschluß geirrt hat bzw. nur ungenaue Angaben macht[153].

e) Bürgschaftsverträge (suretyship)

Zu den Verträgen "uberrimae fidei" gehören regelmäßig auch die Bürgschaftsverträge. Sie erfordern demgemäß ebenfalls die vollständige Offenlegung der Fakten, die für den anderen Vertragspartner von Bedeutung sein können. Im Hinblick auf den Begriff Bürgschaftsvertrag ist allerdings darauf hinzuweisen, daß es nicht unbedingt auf die Bezeichnung als einen derartigen Vertragstypus ankommt, insbesondere weil in der Praxis sich auch Schwierigkeiten der Abgrenzung von beispielsweise Garantieverträgen ("contracts of guarantee") ergeben können. Daneben sind oftmals die Grenzen zum Versicherungsvertrag fließend, wodurch die Einordnung ebenfalls erschwert wird[154]. Bei einer Beurteilung für eine Offenlegungs-

---

152) (Fortsetzung)
Fall wurde das Verschweigen einer neuerlichen Heiratsabsicht eines Partners nicht im Rahmen eines Scheidungsvertrages berücksichtigt. Gerade diese Entscheidung läßt es nunmehr wieder zweifelhaft erscheinen, daß die "family settlements" grundsätzlich den Offenbarungspflichten dieser Vertragsgruppe unterliegen.

153) Chitty-Atiyah aaO para 468

154) Vgl. Chitty-Atiyah aaO para 47o und den "leading case" Seaton v.Heath (1899) 1 Q.B. 782

pflicht kommt es daher letztendlich auf das Wesen (substantial character) und die Art und Weise der Erfüllung an (how it (der Vertrag) came to be effected)[155]. Es müssen Merkmale und Umstände erkennbar sein, die den für diesen Vertragstyp gewöhnlichen Maßstab eines Vertrauensverhältnisses übersteigen, denn in der Regel übernimmt jeder Bürge bewußt ein Risiko, dessen Wesen ihm regelmäßig unbekannt bleiben dürfte[156]. Demgemäß soll ein Vertrag der "suretyship" nur dann den strengen Offenlegungspflichten unterliegen, wenn die Vereinbarung Wesenszüge annimmt, die einem Versicherungsvertrag ähneln[157], oder wenn das zu übernehmende Risiko weit von dem abweicht, was der Bürge normalerweise erwartet oder erwarten kann[158]. Unsicherheiten in dieser Fallgruppe ergeben sich vor allem aus der Frage, wann die Offenbarungspflicht besteht. Beispielsweise wurde eine Offenlegungspflicht in dem Fall abgelehnt, wo ein Bürge von einer Bank nicht über die Schulden des Bürgschaftsnehmers/ Bankkunden informiert wurde und so eine Bürgschaft übernahm[159]. Dagegen wurde eine derartige Pflicht in einem Fall angenommen, in dem ein Arbeitgeber eine Bürgschaft eines Bürgen annahm, ohne diesen während der Vertragsverhandlungen über Veruntreuungen seitens seines Arbeitnehmers während des Dienstes zu informieren[160].

---

155) Seaton v. Heath (1899) 1 Q.B. 782 per Romer L.J. at p. 792-793

156) Anson aaO S. 267

157) Chitty-Atiyah aaO para 470

158) Chitty-Atiyah aaO para 471

159) National Provincial Bank v. Glanusk (1913) 3 K.B. 335; Cooper v. National Provincial Bank (1946) K.B. 1

160) London General Omnibus Co. Ltd. v. Holloway (1912) 2 K.B. 72

Liegt ein Vertrag "uberrimae fidei" im Rahmen der Bürgschaftserklärung vor, so muß der Bürge jederzeit über Änderungen, die das Vertragsverhältnis zwischen Gläubiger und Hauptschuldner betreffen, in Kenntnis gesetzt werden[161).

Die schottische Rechtsprechung hinsichtlich der Einordnung von Bürgschaftsverträgen in die Verträge mit starkem Vertrauenscharakter ist uneinheitlich. So soll ein Verstoß gegen die Offenbarungspflicht in den Fällen vorliegen, in denen der vom Angestellten eine Bürgschaft fordernde Arbeitgeber den zukünftigen Bürgen nicht über Gründe in der Person des Arbeitnehmers informiert, die gegen eine solche Bürgschaft sprechen (vorherige Vermögensdelikte des Angestellten)[162). Im übrigen soll es bei den sonstigen Bürgschaftsverträgen auf den Einzelfall ankommen, ob eine derartige Vertrauensbeziehung zu bejahen ist[163).

---

161) Phillips v. Foxall (1872) L.R. 7 Q.B. 666

162) French v. Cameron (1893) 20 R. 966; L.G.O.C. v. Holloway (1912) 2 K.B. 72 per Vaughan Williams, L.J. at p. 77 ff.; "I think that the non-disclosure by the plaintiffs of the fact that to their knowledge the clerk had been guilty of defalcations in their service before the bond was executed constituted a representation that he had not been guilty of such dishonesty".

163) Royal Bank of Scotland v. Greenshields (1914) S.C. 259; cf. Cooper v. National Provincial Bank (1946) K.B. 1; vgl. auch Bell aaO § 14

f) Grundstücksverträge (contracts for the sale of land)

Als letzte Gruppe im Rahmen der Verträge "uberrimae fidei", in der das vorvertragliche Schweigen rechtliche Konsequenzen hat, ist die über den Verkauf von Grundeigentum zu nennen. Die Besonderheit bei dieser Gruppe besteht darin, daß nicht alle Fakten, die im Zusammenhang mit der Vereinbarung stehen, offenbart werden müssen. Vielmehr gilt grundsätzlich das Prinzip des "caveat emptor" wie in den Kaufverträgen über bewegliche Sachen[164]. Dies ist auch nur folgerichtig, denn zwischen den Vertragsparteien besteht ebensowenig wie bei anderen Veräußerungsgeschäften eine Sonderbeziehung oder ein besonderes Vertrauensverhältnis[165].

Eine Pflicht zur Offenbarung von Tatsachen betrifft nach der anglo-schottischen Rechtsprechung nur diejenigen nicht offensichtlichen[166] Fakten, die mit der Übertragung der Rechte an dem Grundstück im Zusammenhang stehen (every material defect in the vendor's title)[167], denn der Verkäufer muß das Eigentum in der Form übertragen können, in der der Vertrag geschlossen wurde. Wenn also ein Grundstück frei von Rechten Dritter veräußert wird, dann muß der Verkäufer bestehende Rechte dieser Art dem

---

164) Silverman aaO S. 31; vgl. auch oben S. 37

165) Anson aaO S. 268

166) Vgl. auch s. 24 Law of Property Act 1969, wonach die Aufklärungspflicht die im Central Charges Registry registrierten Tatsachen betrifft.

167) Chitty-Atiyah aaO para 469; Silverman aaO S. 31; für Schottland: Walker-Principles I aaO S. 533

Käufer anzeigen[168]. Ebenfalls muß der Verkäufer den Käufer informieren, wenn jener nicht die volle Verfügungsberechtigung über den Grundbesitz hat[169].

g) Gemeinsamkeiten der Gruppe der Verträge "uberrimae fidei" und Rechtsfolgen

Betrachtet man die oben dargestellten Vertragstypen, so läßt sich bis auf eine Ausnahme feststellen, daß entweder eine Vertragspartei über Informationen verfügt bzw. sich diese beschaffen kann, die die andere Partei entweder nicht oder nur mit unverhältnismäßig hohen Mitteln erlangen kann, oder daß ein sehr enges, über das normale Maß hinausgehende Vertrauensverhältnis zwischen den Vertragsschließenden existiert. Daneben ist allen Gruppen gemeinsam, daß der abzuschließende Vertrag das Rechtsverhältnis zwischen den Parteien auf Dauer berührt und daß damit auch die finanziellen Auswirkungen zum Teil erheblich sein können. In allen Fällen wird angenommen, daß das Schweigen über Tatsachen die jeweils andere Partei bei ihrem Entscheidungsprozeß hinsichtlich des Vertrages beeinflußt, da sie für den Bestandteil der Beziehung von elementarer Bedeutung sind.

Die Rechtsfolgen, die sich aus einem derartigen vorvertraglichen Verschweigen von Umständen ergeben, sind für das englische Recht im Misrepresentation Act 1967[170],

---

168) Flight v. Booth (1834) 1 Bing. N.C. 370; Nottingham Patent Brick Co. v. Butler (1886) 16 Q.B.D. 778 at p. 786; vgl. Re Nisbet and Pott's Contract (1906) 1 Ch. 386; Molyneux v. Hawtrey (1903) 2 K.B. 487

169) Re Brine and Davies Contract (1935) Ch. 388; für Schottland: Smith v. Soeder (1895) 23 R. 60

170) 15 & 16 Elizabeth II ch. 7

ss. 1 und 2 niedergelegt[171]. Danach kann die vom Schweigen betroffene Partei vom Vertrag zurücktreten bzw. diesen anfechten (to rescind the contract). Dagegen ist die Möglichkeit der Geltendmachung von Schadensersatz (damages) nach s. 2(1) ausgeschlossen. Lediglich im Rahmen des s. 2(2) kann das auf "rescission" angegangene Gericht im Falle der Unangemessenheit statt dessen entsprechend angemessene "damages" zusprechen[172].

Obwohl der Misrepresentation Act in s. 6(3) seine Nichtanwendbarkeit in Schottland ausdrücklich festlegt, sind die Rechtsfolgen in Fällen von Schweigen einer Partei im Rahmen von Verträgen "uberrimae fidei" dieselben wie im englischen Recht, d.h. die durch das Schweigen einen Nachteil erleidende Partei kann vom Vertrag zurücktreten bzw. diesen anfechten (to rescind or repudiate the contract) oder, falls die andere Partei dem nicht zustimmt, dieses Recht einklagen[173]. Sollte allerdings der durch das Schweigen hervorgerufene Irrtum so gravierend sein, daß von einer eigentlichen Willensübereinstimmung nicht mehr die Rede sein kann, so ist der Vertrag von Anfang an als nichtig anzusehen[174]. Dieses Recht besteht nur so lange, wie der Vertragsgegenstand im weiteren Sinne tatsächlich besteht, d.h. tatsächlich eine Rückgewähr der gegenseitigen Leistungen stattfinden kann. Dies bedeutet beispielsweise, daß ein Bauwerk nicht bereits voll-

---

171) Zum Streit, ob der Misrepresentation Act überhaupt auf das rein passive Verhalten Anwendung finden kann, vgl. die Untersuchung von Beyer aaO S. 128 ff., der diese Frage aufgrund der Analyse der Rechtsprechung bejaht.

172) Beyer aaO S. 134

173) Vgl. Walker-Principles I aaO S. 537

174) Walker-Principles I aaO S. 529; Morrison v. Robertson (1908) S.C. 332

ständig erstellt sein[175] oder eine Gesellschaft, deren Aktien Gegenstand des Kaufvertrages sind, nicht bereits in Konkurs gefallen sein[176], ein Gegenstand nicht verbraucht oder weiterverkauft sein darf[177]. Daneben besteht im Falle des arglistigen Verschweigens für die betroffene Partei die Möglichkeit, anstatt oder zusätzlich zur Vertragsvernichtung Schadensersatz in Geld (damages) zu verlangen[178].

II. Die Rechtslage nach deutschem Recht

Im Gegensatz zum anglo-schottischen System kennt das BGB keine einheitliche rechtliche Behandlung der Fälle des Schweigens vor Vertragsschluß und dadurch hervorgerufener Irreführung oder Benachteiligung des anderen Vertragspartners. Vielmehr kann bei Vorliegen der jeweils erforderlichen Tatbestandsvoraussetzungen die vom Schweigen betroffene Partei regelmäßig zwischen zwei rechtlichen Wegen wählen: zum einen steht ihr ein Schadensersatzanspruch aus culpa in contrahendo zu; zum anderen kann sie unter sehr viel engeren Voraussetzungen als sie für die c.i.c. erforderlich sind gem. § 123 BGB einen bereits zustande gekommenen Vertrag anfechten[179].

---

175) Boyd and Forrest v. G.S.W.Ry. (1915) S.C. (H.L.) 2o

176) Addie v. Western Bank (1867) 5 M (H.L.) 8o, 89; Houldsworth v. City of Glasgow Bank (188o) 7 R (H.L.) 53

177) Edinburgh United Breweries v. Molleson (1894) 21 R (H.L.) 1o; Westville Shipping Co. v. Abram Steamship Co. Ltd. (1923) S.C. (H.L.) 68

178) Walker-Principles I aaO S. 539; Bryson & Co. v. B (1916) 1 S.L.T. 361; Smith v. Sim (1954) S.C. 357; Macleod v. Kerr (1965) S.C. 253

179) Zum Nebeneinander von c.i.c. und § 123 BGB vgl. Palandt-Heinrichs aaO § 276 Anm. 6 B c, aa

1. culpa in contrahendo (c.i.c.)

Die c.i.c. als heute gewohnheitsmäßig anerkannte[180)] Anspruchsnorm erfaßt in einem Ausschnitt[181)] ihres Anwendungsbereichs solche Fälle, in denen eine Partei ihren Verhandlungspartner über Tatsachen in Unkenntnis läßt, die sie ihm nicht hätte verschweigen dürfen, weil es gerade auf ihre Kenntnis bezüglich der Entschließung zum Vertrag ankommt. Ihre Rechtfertigung findet diese Offenbarungspflicht (als Kehrseite des Schweigens) in dem durch die Vertragsverhandlungen begründeten Vertrauensverhältnis[182)] bzw. in dem durch das Schweigen enttäuschten Vertrauen[183)] auf geschäft-

---

180) Statt vieler: Staudinger-Löwisch aaO Vorbem. §§ 275-283 Rdnr. 38

181) In Anlehnung an Emmerich lassen sich drei weitere Fallgruppen in die c.i.c. einordnen: a) Schädigungen des Verhandlungspartners während der Verhandlungen, b) die Vereitelung des Abschlusses eines wirksamen Vertrages, vor allem durch Verhinderung von Genehmigungen oder der Beachtung von Formvorschriften und c) die Veranlassung des Vertragspartners zu Aufwendungen in Erwartung des späteren Vertragsschlusses. Vgl. dazu Müko-Emmerich aaO Vor § 275 Rdnr. 89 m.w.N.; vgl. auch Palandt-Heinrichs aaO § 276 Anm. 6

182) RGZ 120, 249 (251 f.); RGRK-Alff aaO § 276 Rdnr. 98; Ballerstedt aaO S. 507: "... auf der Seite des einen Partners ein Verhalten, das nach den Grundsätzen der Redlichkeit und seiner sozialen Erscheinungsform geeignet ist, Vertrauen zu erwecken und auf der Seite des anderen Partners die Gewährung von Vertrauen in eben dieses Verhalten".

183) RGRK-Alff aaO § 276 Rdnr. 96; vgl. BGHZ 60, 221 (224); vgl. auch die ausführlichen Hinweise bei Müko-Roth aaO § 242 Rdnr. 205 Fn. 524; zu anderen Begründungen vgl. die Hinweise bei Müko-Emmerich aaO § 275 Rdnr. 86 ff.

licher Ebene[184]. Gleichwohl führt nicht jedes Verschweigen von Tatsachen und Informationen des einen Vertragspartners während der Vertragsverhandlungen zur Haftung aus c.i.c.. Vielmehr gilt auch im deutschen Recht der Grundsatz, daß eine generelle Aufklärungspflicht wegen des in der Natur der Sache liegenden Interessenwiderspruchs der Vertragspartner nicht besteht[185]. Vielmehr muß jede Vertragspartei ein normales wirtschaftliches Risiko in bezug auf den Vertragsgegenstand selber tragen[186]. Dies gilt insbesondere für sogenannte Risikogeschäfte[187], d.h. für solche, wo ein spekulatives Element entscheidend für den Vertragsschluß ist. Des weiteren besteht im Kauf- und Werkvertragsrecht nach der Rechtsprechung eine weitgehende Offenbarungs- und Aufklärungspflicht - schon im Hinblick auf die als abschließend geltenden Sonderregeln in den §§ 459, 633 BGB - über die Eigenschaften des Vertragsgegenstandes nicht[188]. Über andere Umstände als die dort behandelten Eigenschaften kann das Verschweigen eine vorvertragliche Pflichtverletzung darstellen und zu einer Haftung aus

---

184) Soergel-Siebert-Schmidt aaO Vor § 275 Rdnr. 5

185) Müko-Roth aaO § 242 Rdnr. 205; BGH NJW 1970, 653 (655); BGH WM 1976, 51 (52); RGZ 111, 233 (234)

186) Müko-Emmerich aaO Vor § 275 Rdnr. 91; Müko-Roth aaO § 242 Rdnr. 207

187) Erman-Sirp aaO § 242 Rdnr. 63

188) Bezüglich des Kaufrechts vgl. RGZ 135, 339 (346); 161, 193 (195); BGHZ 60, 319; Palandt-Putzo aaO Vorbem. § 459 Anm. 2 c; bezüglich des Werkvertragsrechts vgl. BGH DB 1976, 958; Palandt-Thomas aaO Vorbem. § 633 Anm. 4 d. Bezüglich dieser in der Literatur nicht unumstrittenen Rechtsprechung vgl. die Darstellung bei Schaumburg aaO S. 106 ff. zum Meinungsstand.

c.i.c. führen[189]. Dieses offensichtliche Spannungsfeld zwischen einem verbotenen Verschweigen von vertragsrelevanten Tatsachen und einem wirtschaftlich erlaubten, möglicherweise gebotenen Schweigen zu die eigene Vertragsposition begünstigenden Fakten hat insbesondere die Literatur durch Fallgruppenbildung in den Griff zu bekommen versucht. Dabei galt es, notwendig hinzutretende Merkmale[190] herauszuarbeiten, die den Einzelfall aus der obengenannten Grundposition herausfallen ließen. So lassen sich bei Emmerich im wesentlichen vier große Einteilungen im Hinblick auf unzulässiges Verschweigen feststellen; danach besteht im Vorfeld eines Vertrages eine Aufklärungs- bzw. Offenbarungspflicht für Umstände, die a) der Gültigkeit des Vertrages entgegenstehen (also insbesondere Formerfordernisse und behördliche Genehmigungen)[191], b) für die Entscheidungsfindung des Vertragspartners in rechtlicher oder tatsächlicher Hinsicht[192] maßgebend sind, c) Inhalt und Bedeutung von weitreichenden allgemeinen Geschäftsbedingungen und d) die besondere Gefährlichkeit des Vertragsgegenstandes betreffen[193]. Weniger auf Fallgruppen, als auf einzelne Kriterien, die alternativ oder kumulativ vorliegen müssen, um an das Schweigen vor Vertragsschluß Rechtsfolgen anzuknüpfen, stellt Roth ab. So soll eine Aufklärungspflicht über solche Tatsachen bestehen, die zur Vereitelung des Vertragszwecks

---

189) Müko-Emmerich aaO Vor § 275 Rdnr. 101 m.w.N.; Soergel-Siebert-Ballerstedt aaO Vor § 459 Rdnr. 32

190) Vgl. dazu RGZ 111, 233 (234 f.); BGH NJW 1978, 41 (42)

191) Müko-Emmerich aaO Vor § 275 Rdnr. 93 ff. m.w.N.

192) Larenz FS-Ballerstedt aaO S. 405

193) Vgl. dazu Müko-Emmerich aaO Vor § 275 Rdnr. 92; siehe auch Nirk aaO S. 395, der eine ähnliche Gruppenbildung vorgenommen hat. Ebenso Larenz FS-Ballerstedt aaO S. 404 ff.

geeignet sind und deshalb von besonderer Bedeutung für die Entscheidung des anderen Teiles sind. Daneben soll der Charakter des Geschäfts, insbesondere der eines Dauerschuldverhältnisses oder Gesellschaftsvertrages, von Bedeutung sein. Des weiteren soll das Verschweigen umso weniger zulässig sein, als das Verhältnis zwischen den Parteien auf ein besonderes Vertrauensverhältnis schließen läßt; Indizien können hier insbesondere Dauer und Art der Geschäftsbeziehung, persönliche Defizite beim von einem Verschweigen betroffenen Vertragspartner (körperliche Gebrechen, erkennbare Unerfahrenheit), besondere persönliche Erfahrenheit in bezug auf den Vertragsgegenstand beim schweigenden Vertragsteil sowie nähere Umstände des Vertragsschlusses sein[194].

Die Rechtsfolgenseite einer culpa in contrahendo sieht den Ersatz des negativen Interesses vor, d.h. die durch das Schweigen betroffene Partei ist regelmäßig so zu stellen, wie sie aufgrund einer Aufklärung durch die andere Partei gestanden hätte[195]. Das heißt nach dem Zustandekommen des Vertrages ist die Partei von ihrer eingegangenen Verpflichtung zu befreien[196] bzw. ist ihr entsprechend Schadensersatz in Geld zu leisten. Daneben besteht die Möglichkeit, daß die vom Schweigen nachteilig betroffene Person gleichwohl an dem so zu-

---

194) Vgl. dazu Müko-Roth aaO § 242 Rdnr. 206 mit ausführlichen Hinweisen auf die zu den einzelnen Kriterien ergangene Rechtsprechung. Ebenfalls ohne den Versuch einer Fallgruppenbildung Staudinger-Löwisch aaO Vorbem. §§ 275-283 Rdnr. 62 f. und Erman-Sirp aaO § 242 Rdnr. 63

195) RGRK-Alff aaO § 276 Rdnr. 111; RGZ 151, 357 (358 f.); RGZ 159, 33 (54 f.); BGH BB 1955, 429

196) BGH NJW 1962, 1196 (1198); BGH NJW 1968, 986 (987); BGH NJW 1969, 1625 (1626)

stande gekommenen Vertrag festhalten will und nur einen Ausgleich für ihre enttäuschte Leistungserwartung anstrebt[197].

Einen gesetzlich normierten Fall der c.i.c. stellen die §§ 663, 675 BGB, § 44 Bundesrechtsanwaltsordnung, § 40 Patentanwaltsordnung dar[198]. Aus den bereits oben dargestellten Grundzügen des Vertragsrechts folgt, daß regelmäßig niemand zum Abschluß eines Vertrages dadurch gezwungen werden kann, daß ihm jemand ein Angebot unterbreitet; entsprechend ist in der Regel niemand verpflichtet, eine entsprechende Ablehnungserklärung abzugeben[199]. Allerdings statuiert der Gesetzgeber eine Ausnahme für die Fälle, in denen jemand öffentlich bestellt ist oder sich öffentlich oder einer bestimmten Person gegenüber erboten hat, gewisse Geschäfte unentgeltlich abzuwickeln, insofern, als diese ihre mangelnde Bereitschaft, den Auftrag auszuführen, unverzüglich dem Angebotsabsender mitteilen muß (§ 663 BGB). Diese Vorschrift erlangt besondere Bedeutung durch § 675 BGB für entgeltliche Geschäftsbesorgungsverträge[200]. Bei den Vorschriften des

---

197) Staudinger-Löwisch aaO Vorbem. §§ 275-283 Rdnr. 66; BGH NJW 1977, 1536

198) Soergel-Siebert-Mühl aaO § 663 Rdnr. 1; Staudinger-Wittmann aaO § 663 Rdnr. 10; Müko-Seiler aaO § 663 Rdnr. 15; vgl. zu § 44 BRAO Jessnitzer aaO § 44 Rdnr. 2; vgl. zu § 40 Patentanwaltsordnung Kelbel aaO S. 200

199) Staudinger-Wittmann aaO § 663 Rdnr. 1; aus den Motiven II aaO S. 530 wird deutlich, daß im Gesetzgebungsverfahren ausdrücklich an diesem Prinzip festgehalten werden und eine systemkonforme Regelung gegenüber einer ansonsten in Betracht kommenden Fiktion den Vorrang behalten sollte.

200) Staudinger-Wittmann aaO § 663 Rdnr. 3, § 675 Rdnr. 9; Müko-Seiler aaO § 663 Rdnr. 2

§ 44 Bundesrechtsanwaltsordnung (BRAO) und des § 4o Patentanwaltsordnung (PatAnwO) handelt es sich um in diesem Kontext einschlägige berufsspezifische Normen[2o1].

Kommt der Angebotsempfänger seiner Anzeigeverpflichtung nicht nach, so begeht er eine Pflichtverletzung[2o2], die zu einer Schadensersatzpflicht führt. Diese Pflichtverletzung läßt sich gleichfalls als eine Verletzung einer Aufklärungspflicht begreifen; der Anbietende kann gerade nach der Wertung des Gesetzgebers regelmäßig von einer Vertragsannahme ausgehen. Kommt es dann wegen des Angebotsempfängers nicht zu dieser rechtlichen Bindung, so liegt ein Fall der Tatsachen bzw. Umstände vor, die den Vertrag vereiteln (Roth) bzw. der Gültigkeit des Vertrages entgegenstehen (Emmerich). Die Höhe des Schadensersatzes ist dabei - wie auch in den durch die Rechtsprechung entwickelten Fällen - auf das negative Interesse, den Vertrauensschaden begrenzt[2o3].

2o1) In ihrer zeitlichen Entstehungsgeschichte existierte § 44 BRAO bereits vor Inkrafttreten des BGB in § 3o RAO a.F. vom 1. Juli 1878; vgl. dazu Isele aaO S. 84o. Siehe zu § 4o PatAnwO Kelbel aaO § 4o

2o2) Müko-Seiler aaO § 663 Rdnr. 23; vgl. aber insoweit die andere gesetzgeberische Wertung in § 362 HGB, wo es bei ähnlichem Sachverhalt zur Wirksamkeit des Vertrages kommt. Siehe dazu die nachfolgenden Ausführungen unter E.II.2.

2o3) Soergel-Siebert-Mühl aaO § 663 Rdnr. 1 und 4; Erman-Hauß aaO § 663 Rdnr. 3; Larenz II aaO § 56 II; Fikentscher aaO § 81 II 1; RGZ 1o4, 265 (267)

2. Das (Ver-)Schweigen und die Anfechtung gem. § 123 BGB

Im Zusammenhang mit dem Anfechtungsrecht aus § 123 BGB taucht die Frage auf, wann das Verschweigen von Umständen und/oder Tatsachen durch eine Vertragspartei eine rechtliche Bewertung hinsichtlich des Täuschungsmerkmals erfahren muß. Ebenso wie bei der c.i.c. gilt auch hier, daß eine grundsätzliche Aufklärungs- und Offenbarungspflicht nicht besteht, sondern jedermann vielmehr zur eigenen Interessenwahrnehmung verpflichtet ist[204]. Gleichwohl wird dem (Ver-)Schweigen dann der Charakter einer Täuschung beigemessen, wenn der Kontrahent nach Treu und Glauben und nach den im Verkehr herrschenden Anschauungen[205] eine Offenlegung aller entscheidungserheblichen Umstände erwarten durfte[206]. Ebenso wie bei der c.i.c. sind auch in diesem Bereich keine scharf umrissenen Konturen feststellbar, sondern es ist regelmäßig Aufgabe des Gerichts, den konkreten Einzelfall anhand des Grundsatzes von Treu und Glauben zu bewerten[207]. Es sind jedoch nach der umfangreichen Kasuistik zwei grobe Unterscheidungen möglich: das Verschweigen von Umständen und Tatsachen stellt dann wegen

---

204) RGZ 62, 149 (150); BGH NJW 1971, 1795 (1799); BGH WM 1983, 1006 (1007); vgl. weitere Hinweise bei RGRK-Krüger-Nieland aaO § 123 Rdnr. 16

205) RGZ 111, 233 (234); BGH WM 1972, 854 (855)

206) Soergel-Siebert-Hefermehl aaO § 123 Rdnr. 6; Palandt-Heinrichs aaO § 123 Anm. 2 c aa; RGRK-Krüger-Nieland aaO § 123 Rdnr. 16 m.w.N.; RGZ 69, 13 (15); 77, 309 (314); 111, 233 (234)

207) Vgl. die Motive I aaO S. 208, wo ausdrücklich auf eine gesetzliche Normierung einer Aufklärungspflicht verzichtet wird.

des Bestehens eines Vertrauensverhältnisses eher eine Täuschung dar, wenn es sich bei der ins Auge gefaßten Vereinbarung um einen Vertrag der Interessenwahrung, also insbesondere einen Auftrags-, Geschäftsbesorgungs-, Gesellschafts- oder Versicherungsvertrag[208] etc. handelt. Daneben kann sich ein derartiges Vertrauensverhältnis aus der Dauer der Geschäftsbeziehung oder der Stellung der Vertragskontrahenten im Wirtschaftsverkehr ergeben[209]. Demgegenüber ist eine Pflicht zur Offenlegung von der anderen Seite ungünstigen Umständen bei sogenannten Verträgen des Interessengegensatzes, insbesondere Kauf-, Miet-, Werk-, Lieferungsverträgen und sonstigen Umsatzgeschäften[210] sowie Spekulations- und Risikoverträgen[211] abzulehnen.

Während bezüglich der zuerst genannten Vertragstypen die Rechtsprechung einigermaßen gefestigt erscheint, hat im Hinblick auf die zweiten eine Aufweichung stattgefunden: so soll aus einer besonderen Fachkunde im weiten Sinne des einen Vertragspartners[212] bzw. aus der Unerfahrenheit auf dem infrage stehenden Geschäftssektor des anderen Kontrahenten[213] ein aufklärungspflichtiges

---

208) Soergel-Siebert-Hefermehl aaO § 123 Rdnr. 18; vgl. auch die Sonderregeln in §§ 17 ff. VVG

209) Palandt-Heinrichs aaO § 123 Anm. 2 a cc; vgl. BGHZ 13, 198 (200); 21, 102 (107); 47, 207 (210 f.); 80, 80 (84); RGZ 27, 118 (121); 126, 50 (52)

210) Soergel-Siebert-Hefermehl aaO § 123 Rdnr. 6, 9; Müko-Kramer aaO § 123 Rdnr. 15; RGZ 62, 149 (151)

211) Palandt-Heinrichs aaO § 123 Anm. 2 c aa; Soergel-Siebert-Hefermehl aaO § 123 Rdnr. 14

212) BGH NJW 1962, 1196 (1197); 1965, 34; 1971, 1795 (1799)

213) BGHZ 47, 208 (210 f.)

Vertrauensverhältnis erkennbar sein. Daneben wird ein Verschweigen dann als Täuschung bewertet, wenn der eine Vertragspartner Mängel des Vertragsgegenstandes oder sonstige den vorausgesetzten Eigenschaften entgegenstehende Umstände nicht erkennen kann und somit der eigentliche Vertragszweck vereitelt würde[214)] oder er aber ausdrücklich nach diesem Umstand gefragt hatte[215)]. Gerade in bezug auf den letzten Punkt werden aber beispielsweise hinsichtlich der Verhandlungen über ein Arbeitsverhältnis weitgehende Ausnahmen von der Rechtsprechung zugelassen[216)]. Insgesamt handelt es sich also insoweit um ein äußerst schwammiges, einzelfallbezogenes Rechtsgebiet.

Auf der Rechtsfolgenseite hat die Anfechtung die Nichtigkeit des Rechtsgeschäfts zur Folge, so daß der vom Schweigen negativ betroffene Vertragspartner wie schon bei der c.i.c. regelmäßig sich aus seinen Verpflichtungen lösen kann; es wird der Zustand hergestellt, der ohne das Verschweigen durch den anderen Partner eingetreten wäre[217)].

---

214) Vgl. Soergel-Siebert-Hefermehl aaO § 123 Rdnr. 11 ff. m.w.N.; Müko-Kramer aaO § 123 Rdnr. 15; BGH WM 1979, 696; BGH WM 1976, 401 (402)

215) Staudinger-Dilcher aaO § 123 Rdnr. 9; BGH NJW 1967, 1222

216) Müko-Kramer aaO § 123 Rdnr. 15; Soergel-Siebert-Hefermehl aaO § 123 Rdnr. 17 m.w.N. auf die Rechtsprechung; BAGE 15, 261 (263); RG JW 1912, 907 (908); BAGE 5, 159 (163); BAG NJW 1964, 1197 (1198)

217) RGRK-Krüger-Nieland aaO § 123 Rdnr. 88

III. Rechtsvergleichende Aspekte und Folgerungen

Als Ergebnis läßt sich danach feststellen, daß auf dem Gebiet des vorvertraglichen (Ver-)Schweigens einer Partei eine weitgehende Angleichung zwischen dem englischen und schottischen Recht stattgefunden hat; lediglich in den Grundlagen der Rechtsfolgen bestehen noch Unterschiede, die allerdings nicht zu wesentlich unterschiedlichen Ergebnissen führen. Es erscheint daher durchaus gerechtfertigt, hinsichtlich dieses Fragenkomplexes von einem anglo-schottischen Recht zu sprechen.

Der Vergleich der rechtlichen Behandlung des Schweigens vor Vertragsschluß läßt auf der einen Seite erkennen, daß sowohl das anglo-schottische als auch das deutsche System einem solchen rein passiven Verhalten in bestimmten Fallkonstellationen rechtliche Auswirkungen beizumessen bereit ist. Gemeinsamer Ansatzpunkt in den untersuchten Rechtsordnungen ist das aus der persönlichen Beziehung der Vertragsparteien resultierende Vertrauensverhältnis. Auch hinsichtlich der Rechtsfolgen zeigen sich insofern starke Gemeinsamkeiten im Ergebnis, als im Falle der Anerkennung des (Ver-)Schweigens als rechtlich unzulässiges bzw. ordnungspolitisch unerwünschtes Verhalten, der davon nachteilig betroffene Vertragspartner für sich die Auflösung der Bindungswirkung der Vereinbarung und gegebenenfalls Schadensersatz verlangen kann.

Auf der anderen Seite sind gravierende Unterschiede in der Behandlung des Schweigens bei Vertragsverhandlungen nicht zu verkennen. So läßt sich nicht übersehen, daß die Schwelle hinsichtlich der Tatbestandsvoraussetzungen für eine rechtliche Sanktionierung im deutschen Recht sehr viel niedriger liegt als im anglo-schottischen System. Während im deutschen Recht die Kriterien für die Annahme eines Vertrauensverhältnisses dadurch generell niedriger angesetzt werden, daß bereits durch die Aufnahme von Vertragsverhandlungen eine derartige Vertrauensbasis entstehen soll, werden diese im anglo-schottischen Recht höher angesiedelt. Die Aufnahme von Vertragsgesprächen wird in ausgeprägtem Maße als Verhältnis des Interessengegensatzes und des Verhandlungskonfliktes angesehen; die Beteiligten werden weniger als zukünftige Vertragspartner, sondern mehr als Kontrahenten begriffen, von denen jeder seine eigene Rechtsposition zu beachten und zu wahren hat. Dies dürfte auf den noch immer den anglo-schottischen Rechtskreis stark beeinflussenden Grundsatz "caveat emptor" zurückzuführen sein. Treue- und Schutzpflichten hinsichtlich der Vermögens- bzw. Rechtsposition seines Gegenüber hat der Verhandelnde nicht zu wahren oder gar zu schützen. Erst das Hinzutreten weiterer, in Fallgruppen gefaßter, objektiver Umstände lassen ein Vertrauensverhältnis entstehen, wo tatsächlich ein solcher Begriff wegen der besonderen persönlichen Bindung gerechtfertigt erscheint. Wie unterschiedlich hoch die Eingangsschwelle angesiedelt liegt und damit den anderen Denkansatz verdeutlicht, zeigt schon die differenzierte Wortwahl: Die deutsche Rechtsprechung spricht zumeist von einem Vertrauensverhältnis, von Treu und Glauben und Redlichkeit im Geschäftsverkehr, während die anglo-schottischen Gerichte den Begriff vom Vertrag mit "erhöhtem" oder "besonderem" Vertrauensverhältnis verwenden.

Generelle Folge dieses Wertungsunterschiedes ist, daß man im deutschen Recht in diesem Bereich von einer weiten Ausdehnung, wenn nicht sogar von einer Ausuferung, der Behandlung des Schweigens als rechtserhebliches Verhalten sprechen kann; dies läßt sich aus der umfangreichen Kasuistik, die nur schwer einer Gruppenbildung zugänglich ist, ablesen. Angesichts des aus dem Vergleich folgenden Ergebnisses, daß auch entwickelte Rechtsordnungen wie die Englands und Schottlands ohne eine solche breite Anwendung auskommen, erscheint die These gerechtfertigt, daß die deutsche Rechtsprechung in Teilbereichen dem Schweigen bei Vertragsschluß als rein tatsächliches Verhalten eine zu breite rechtliche Basis hat zukommen lassen. Dadurch braucht sich der einzelne Vertragspartner immer weniger auf seine eigene Verantwortung und Initiative beim Vertragsschluß zu verlassen. Exemplarisch seien hier die Fälle genannt, in denen dem Verkäufer die Übernahme von Beratungspflichten und deren Verletzung gegenüber dem Käufer zugeschrieben werden, um eine ansonsten ausgeschlossene Haftung zu begründen; ähnlich liegen die Sachverhalte, in denen ein Vertragspartner mit einem Automatenaufsteller oder einem entsprechenden Unternehmen einen Vertrag schließt, obwohl hier an sich der geradezu klassische Fall des Interessengegensatzes vorliegt. Man kann auch feststellen, daß im Hinblick auf den anspruchstellenden Personenkreis die Voraussetzung an das Kriterium der Schutzbedürftigkeit keinen allzu strengen Anforderungen unterliegt[218].

Für die Praxis läßt sich festhalten, daß bei vom englischen oder schottischen Recht beherrschten Vertragsverhandlungen ein deutscher Partner seinem ausländischen Gegenüber weit weniger Aufklärung bzw. Offenlegung bezüglich Umstände und Tatsachen, die den Vertrag betreffen, schuldet, als er dies möglicherweise nach deutschem Recht erwartete. Dies

---

218) vgl. zum ganzen die ausführlichen Hinweise auf die Kasuistik bei Müko-Emmerich aaO Vor § 275 Rdnr. 1o1 ff.; Staudinger-Löwisch aaO Vorbem. §§ 275-283 Rdnr. 63 f.

dürfte insbesondere den Waren- und Güterverkehr betreffen. Auf der anderen Seite wird sein Kontrahent aber auch weniger geneigt sein, seinerseits umfassende Informationen ohne Nachfragen zu geben, was wiederum zu unerwarteten wirtschaftlichen Nachteilen bei einem vom deutschen Recht verwöhnten bzw. weitgehend geschützten Partner führen kann.

D. Das Schweigen als Nichtausübung des Anfechtungs-/ Rücktrittsrechts

I. Die Rechtslage in England und Schottland

Wie aus den obigen Ausführungen zum Vertrag "uberrimae fidei" sichtbar wird, führt ein Verstoß gegen die Offenbarungs- bzw. Aufklärungspflicht durch einen Vertragspartner zu einem Anfechtungs- bzw. Rücktrittsrecht (right ro rescind) des dadurch benachteiligten anderen. Grundsätzlich führt dieses rechtlich unerwünschte Verhalten nicht zu einer Nichtigkeit des Vertrages per se; vielmehr hat die betroffene Partei ihn entweder durch eine Anfechtungs- bzw. Rücktrittserklärung zu beseitigen oder aber zu bestätigen [219]. Einer Lösung bedarf damit die Frage, wie die Situation rechtlich zu beurteilen ist, in der der Anfechtungs-/Rücktrittsberechtigte sich seinerseits in Schweigen hüllt, von seinem Recht keinen Gebrauch macht. Als Alternativen der rechtlichen Bewertung für dieses Verhalten läßt sich denken, daß a) die Vereinbarung zu irgendeinem Zeitpunkt mangels Bestätigung unwirksam wird oder b) der Vertrag durch eine in dem Schweigen zu sehende Bestätigung nicht mehr beseitigt werden kann.

Das englische Recht hat sich für die letzte Alternative entschieden; begrifflich wird die Lösung unter der sogenannten "Lapseof time" erfaßt [22o], d.h. unter den zu

---

219) Anson aaO S. 252

22o) Halsbury-Furmston vol. 31 aaO para 1137 stellt ohne nähere Unterscheidung auf die Begriffe "delay, laches and short-fall" ab.

langen Zeitablauf ohne positive Betätigung des Anfechtungs-/Rücktrittswillens. In nicht einheitlicher Terminologie wird dieser Zeitablauf als Verwirkung, Ausschluß (preclusion[220], bar[221]) des Anfechtungs-/Rücktrittsrechts bewertet. Als rechtliche Wertung wird in einem zu langen Schweigen der Beweis für die Zustimmung (affirmation) zu der vernichtbaren Vereinbarung gesehen[222]. Dies trifft vor allen Dingen für die Fälle des Kaufs von beweglichen Sachen und Gesellschaftsanteilen zu, wo die Anfechtungs-/Rücktrittsabsicht unverzüglich (with the utmost promptness[223]) erklärt werden muß[224]. Eine derartige Fiktion wird aber regelmäßig nur dann angenommen, wenn dem Rücktrittsberechtigten der Rücktrittsgrund auch bekannt war; Zustimmung setzt logischerweise Kenntnis dessen voraus, zu dem diese gegeben werden soll[225]. Von

---

221) Anson aaO S. 253 f.: "..., the passage of time may operate so as to preclude rescission...". Vgl. auch Chitty-Atiyah aaO para 452, 454

222) Clough v. L & N.W.Ry (1871) L.R. 7 Ex. 26 at p. 35. Vgl. Allen v. Robles (1969) 1 W.L.R. 1193, wo der Zeitablauf als Verzicht auf das Rücktrittsrecht angesehen wurde. Vgl. Erlanger v. New Sombrero Phosphate Co. (1878) 3 App. Cas. 1218, 1240 f., 1254, 1259, 1280 ff.; Leaf v. International Galleries (1950) 2 K.B. 86

223) Chitty-Atiyah aaO para 454

224) First National Reinsurance Co. Ltd. v. Greenfield (1921) 2 K.B. 260; Taylor v. Oil & Ozokerite Co. (1913) 29 T.L.R. 515; Aarons's Reefs Ltd. v. Twiss (1896) A.C. 273, 294 Taite's Case (1867) L.R. 3 Eq. 795, Sharpley v. Louth and East Coast Ry. (1876) 2 Ch. D. 663

225) Armstrong v. Jackson (1917) 2 K.B. 822 at p. 830; Aaron's Reef Ltd. v. Twiss (1896) A.C. 273, 290, 294

dieser Regel wird wiederum eine Ausnahme gemacht und auf die Kenntnis der Rücktrittsberechtigung verzichtet, wenn es sich um einen Kaufvertrag im Hinblick auf bewegliche Sachen handelt und der Zeitablauf, d.h. das Schweigen auf eine endgültige Abnahme hinausläuft[226]. In einem derartigen Fall führt das Schweigen zu einem Verlust des Rücktrittsrechts.

Während im englischen Recht der Rücktrittsberechtigte so schnell wie möglich (with the utmost promptness) seinen Rücktritt erklären muß, reicht im schottischen Recht, wenn dies innerhalb angemessener Zeit geschieht (within reasonable time)[227]. Dagegen wird ein zu langes Zuwarten ebenso wie im englischen Recht als stillschweigende Annahme, als Genehmigung (implied affirmation)[228] angesehen[229].

---

226) Leaf v. International Galleries (1950) 2 K.B. 86, 90 per Denning, L.J. Im Rahmen des Sale of Goods Act 1979, s. 35 führt ein zu langes Verstreichenlassen von Zeit ohne Bekanntgabe der Ablehnung der Kaufgegenstände zur Annahmefiktion.
Sale of Goods Act 1979 s. 35 "The buyer is deemed to have accepted the goods ... when after the lapse of a reasonable time he retains the goods without intimating to the seller that he has rejected them".
per Jenkins, L.J. at p. 92: "...; but in my judgement contracts such as this cannot be kept open and subject to the possibility of rescission indefinitely. ... If he is allowed to wait five, ten or twenty years and then reopen the bargain, there can be no finality at all".

227) Dublin & Wicklow Ry. Co. v. Black (1852) 8 Exch. 180; Walker-Principles I aaO S. 538; Clough v. L. & N.W.Ry. (1871) L.R. 7 Exch. 26; Re Scottish Petroleum Co. (1883) 23 Ch.D. 413; Holmes v. Blogg (1817) 8 Taunt 35

228) Vgl. Walker-Principles I aaO S. 538

229) Clough v. L. & N.W.Ry. (1871) L.R. 7 Exch. 26; Scholey v. Central Ry. of Venezuela (1868) L.R. 9 Eq. 266; Re Hop and Malt Exchange and Warehouse Co. (1866) L.R. 1 Eq. 483

Eine der rechtlichen Bewertung des Schweigens eines Rücktrittsberechtigten bei Verträgen "uberrimae fidei" ähnliche Problematik taucht in den Fällen des Vertragsschlusses unter unbilliger Einflußnahme (undue influence) auf. Darunter versteht das anglo-schottische Recht im Rahmen der "Equity"-Lehre[230)] solche Situationen, wo in speziellen Rechtsbeziehungen Einfluß auf den Partner genommen bzw. dieser unter Druck gesetzt, er genötigt wird, einen nachteiligen Vertrag zu schließen.

Es geht also zum einen um die Fälle, in denen das Vertrauen gebrochen und mißbraucht wurde, das eine Partei aufgrund einer gewissen Verbindung oder gewisser Umstände erlangt hat; zum anderen um solche, wo eine Partei direkten oder indirekten Einfluß oder Druck ausübte. Nach englischem Recht wird dies regelmäßig bei den Rechtsverhältnissen vermutet, bei denen aufgrund des bestehenden Vertrauensverhältnisses eine besondere vorvertragliche Aufklärungs- und Offenbarungspflicht besteht; also solche, die sich auch bei den Verträgen "uberrimae fidei" in der Gruppe "fiduciary relationship" befinden[231)].

Klassische und damit am häufigsten vorkommende Vertragstypen, in dem "undue influence" geltend gemacht wird, sind die Schenkungsverträge sowie die Kaufgeschäfte,

---

230) Chitty-Atiyah aaO para 505 et seq.; Anson aaO S. 273; Tufton v. Sperni (1952) 2 T.L.R. 516 per Evershed M.R. p. 520; vgl. für Schottland: Walker-Principles I aaO S. 511; Bell aaO § 14 B; Gray v. Binny (1879) 7 R 332, 338, 346 f. per Lord Shand; Carmichael v. Baird (1899) 6 S.L.T. 369

231) Vgl. Chitty-Atiyah aaO para 505 et seq.; in Schottland existiert eine derartige Vermutungswirkung aus einer "fiduciary relationship" nicht; vgl. Walker-Principles I aaO S. 542 m.w.N. auf die schottische Rechtsprechung, wo gleichwohl bei den "fiduciary relationships" ein Fall der unbilligen Einflußnahme angenommen wurde.

bei denen entweder der Käufer auf einem angeblich zu hohen oder der Verkäufer auf einem angeblich zu niedrigen Preisniveau abgeschlossen hat[232].

Da der Vertrag nicht automatisch unwirksam, sondern nur vernichtbar ist (voidable, not void[233]), ist die Rechtsfolge, die eine derartige unbillige Einflußnahme eines Vertragspartners zeitigen kann, in der Regel das Rücktrittsrecht der anderen Vertragspartei[234].

Die rücktrittsberechtigte Partei muß aber ihr diesbezügliches Recht auch innerhalb eines vernünftigen Zeitraumes ausüben. Dabei beginnt die Zeit der Rücktrittserklärung spätestens, sobald die Einflußnahme vollständig aufhört[235] und die Partei sich darüber klar wird. Ihr Untätigbleiben bzw. ihr Schweigen über einen längeren Zeitraum hinweg kann dazu führen, daß die englischen Gerichte von einer stillschweigenden Zustimmung (acquiescence) ausgehen[236] (lapse of time ... will provide evidence of acquiescence)[237].

---

232) Chitty-Atiyah aaO para 502

233) Anson aaO S. 280

234) Dies ergibt sich aus u.a. Chitty-Atiyah aaO para 514

235) "an absolute release from the undue influence by means of which the frauds were practised". Moxon v. Payne (1873) L.R. 8 Ch. App. 881 per James L.J. at p. 885

236) Allcard v. Skinner (1887) 36 Ch.D. 145; Turner v. Collins (1871) L.R. 7 Ch. App. 329, 341 Chitty-Atiyah aaO para 514. Vgl. auch Bullock v. Lloyds Bank Ltd. (1955) Ch. 317; Mitchell v. Homfrey (1881) 8 Q.B.D. 587

237) Vgl. Hatch v. Hatch (1804) 9 Ves. 292: "conveyance by a ward to her guardian under the circumstances set aside upon grounds of public policy, after great lapse of time". Re Pauling's Settlement Trusts (1964) Ch. 303, wo der bloße Zeitablauf nicht dazu führte, daß das Rücktrittsrecht erlosch.

II. Die Rechtslage nach deutschem Recht und rechtsvergleichende Aspekte

Die Notwendigkeit der Bewertung des Untätigbleibens (des Schweigens) eines Anfechtungsberechtigten ist dem deutschen Recht ebenfalls bekannt. Im Gegensatz zum anglo-schottischen Recht findet sich die Lösung nicht in einem einzigen Modell, wie es die Doktrin des "lapse of time" darstellt, sondern in verschiedenen Normierungen. Zu nennen sind hier insbesondere die §§ 121 Abs. 1, 124 Abs. 1, 144 BGB sowie die Vorschrift des § 242 BGB als Grundlage für die Verwirkung.

Insbesondere die Forderung der unverzüglichen Anfechtung ohne schuldhaftes Zögern in § 121 Abs. 1 BGB ähnelt vom Inhalt stark der anglo-schottischen Lösung; demgegenüber regelt § 124 Abs. 1 BGB mit seiner einjährigen Ausschlußfrist[238)] für die Anfechtung an sich die untersuchten Fälle, in denen das Anfechtungsrecht aus einem Vertragsschluß herrührt, der durch unzulässiges Schweigen oder sonstige unredliche Einflußnahme hervorgerufen wurde. Beiden Vorschriften ist das Ziel gemeinsam, einen Zustand der Rechtssicherheit zu erzeugen, denn der Anfechtungsberechtigte soll die rechtliche Situation nicht unbeschränkt zu Lasten seines, im Falle des § 124 BGB zugegebenermaßen unredlichen, Vertragspartners ausnützen können[239)].

---

238) Ausnahmsweise besteht allerdings auch im Falle des Vorliegens von § 123 BGB eine unverzügliche Anfechtungspflicht: vgl. z.B. § 318 Abs. 2 BGB; zum Beamtenrecht vgl. Staudinger-Dilcher aaO § 124 Rdnr. 2 m.w.N.

239) Zu § 124 BGB: Soergel-Hefermehl aaO § 124 Rdnr. 1; Erman-Brox aaO § 124 Rdnr. 1; Motive I aaO S. 209; zu § 121 BGB: Müko-Kramer aaO § 121 Rdnr. 2; RGZ 64, 161; 53, 148; 49, 394

Im Zusammenspiel mit der in § 144 BGB geregelten Bestätigungsmöglichkeit des anfechtbaren Geschäfts ergibt sich, daß im deutschen Recht das Untätigbleiben in bezug auf die Wahrnehmung eines Rechts nicht als positive Willenserklärung aufgefaßt wird, sondern vielmehr stellen die §§ 121, 124 BGB reine Ausschlußfristen dar[240]. Unabhängig von diesen Fristen besteht die Möglichkeit, daß bereits zu einem früheren Zeitpunkt der Berechtigte sein Anfechtungsrecht verwirkt, insbesondere wenn er ein Verhalten an den Tag legt, daß der potentielle Anfechtungsgegner nach Treu und Glauben nicht mehr mit der Ausübung zu rechnen hat, sondern vielmehr von einem Verzicht ausgehen kann[241]. Dafür reicht allerdings ein Verhalten, das in Einklang mit Zweck und Inhalt des Vertrages steht (z.B. Benutzung des Kaufgegenstandes) nicht aus[242]. Ein derartiges Verhalten kann aber vom Anfechtungsgegner als Bestätigung des § 144 Abs. 1 BGB aufgefaßt werden[243], "wenn jede andere den Umständen nach einigermaßen verständliche Deutung dieses Verhaltens ausscheidet"[244].

Einen Bruch in diesem Bedürfnis nach einer möglichst schnell erreichten Rechtssicherheit stellt demgegenüber die 30jährige Verjährungsfrist für Ansprüche aus c.i.c. dar, die zum faktisch gleichen Ergebnis führen

---

240) Erman-Brox aaO § 121 Rdnr. 1; § 124 Rdnr. 1

241) BGH NJW 1971, 1795 (1800); vgl. auch Erman-Brox aaO § 124 Rdnr. 8; RG ZZP 51, 109 (110)

242) RGRK-Krieger-Nieland aaO § 124 Rdnr. 6

243) BGH NJW 1971, 1795 (1800)

244) BGH NJW 1967, 720 (721)

wie die Anfechtung. Die Gründe dafür liegen in einer dogmatisch angesiedelten Unterscheidung der Rechtswirkungen[245]. Aus diesem Grund soll und muß dieser Aspekt außer Ansatz bleiben.

Betrachtet man die anglo-schottische Lösung zur "lapse of time", so handelt es sich genaugenommen um den in dieser Rechtsordnung wohl einmaligen Fall einer Fiktion des Schweigens als positive Erklärung. Gleichwohl wird diese rechtliche Figur nicht betont, sondern vielmehr wird diese Lösung auch mit anderen Begriffen wie "preclusion" oder "bar" umschrieben. Diese fehlende dogmatische Einheitlichkeit der Lösung kann aber letztendlich nicht über den fiktiven Charakter hinwegtäuschen. Demgegenüber wird im deutschen Recht der Weg über eine Ausschlußfrist gewählt, was nicht zuletzt deswegen notwendig geworden sein dürfte, weil § 144 BGB die Bestätigungsmöglichkeit des anfechtbaren Vertrages ausdrücklich vorsieht. Damit muß regelmäßig eine eindeutige Willenserklärung vorliegen und sei es durch konkludentes Verhalten.

Wenngleich die untersuchten Rechtsordnungen unterschiedliche Ansätze für die Problemlösung wählen, so läßt sich gleichwohl festhalten, daß ein sachgerechtes Ergebnis im Hinblick auf die Schaffung eines Zustandes der Rechtssicherheit zwischen den Vertragsparteien im gleichen Maße gewährleistet wird. Die deutsche Lösung

---

245) BGH NJW 1962, 1198; BGH NJW 1968, 986; für eine Angleichung der Ausschlußfristen des § 124 mit den Verjährungsfristen für c.i.c. vgl. insbesondere Medicus BGB aaO Rdnr. 150; derselbe JuS 1965 aaO S. 211 f.

scheint aber dabei den Vorteil zu haben, daß eine zeitlich genauere Bestimmung, wann diese Gewißheit eintritt, für die Parteien und ein Gericht möglich ist.

E. Schweigen als Mittel der Klarstellung der Rechtsbeziehungen zwischen den Parteien

I. Problemstellung und anglo-schottische Rechts lage

Nach den obigen Ausführungen zur rechtlichen Bedeutung des Schweigens einer Partei beim Zustandekommen eines Vertrages (Schweigen als Angebotsannahme) ist im nächsten Schritt die Frage zu untersuchen, ob das Schweigen oder eine sonstige Passivität einer Vertragspartei einer rechtlichen Bewertung für einen Schwebezustand eines Vertrages zugänglich ist. Mit anderen Worten gilt es zu klären, ob das englische und schottische Recht im Rahmen eines Vertragsverhältnisses eine Situation anerkennt, in der wegen einer rechtlichen Unklarheit ein Regelungsbedarf vorliegt, der allein durch die Erklärung einer Partei ausgefüllt werden kann.

Denkbar ist eine solche Konstellation unter anderem in erster Linie bei vollmachtlosem Handeln eines Vertreters, da hier einerseits eine Vereinbarung zwischen diesem und dem Dritten zustande kommt, andererseits aber die rechtliche Position des Vertretenen einer Klärung bedarf.
Das Vorliegen eines Regelungsbedarfs im obigen Sinne ist daneben noch bei Verträgen mit nicht voll geschäftsfähigen Minderjährigen vorstellbar, weil auch hier die Frage nach der Wirksamkeit sich aufdrängt. Es geht also um die Frage, wie die englische und schottische Rechtsprechung Zweifel in bezug auf die Wirksamkeit eines Vertrages behandelt und ob das Schweigen einer am Vertrag beteiligten Person, die diese Zweifel beheben kann, relevant ist.

1. Vertragsschluß durch vollmachtlose Vertreter und Schweigen des Vertretenen

Die Problematik, daß ein Vertreter ohne Vollmacht oder in Überschreitung seiner Vollmacht einen Vertragsschluß vornimmt, ist Gegenstand auch englischer und schottischer Gerichtsentscheidungen. Abgesehen von der Frage, welche rechtlichen Konsequenzen sich aus einem solchen Vertrag für das Verhältnis Dritter - Vertreter ergeben, bedarf es der Klärung, wie sich die rechtliche Stellung des Vertretenen darstellt, insbesondere ob er den Vertrag genehmigen kann und/oder muß und wie gegebenenfalls seine Passivität, sein Schweigen zu würdigen ist.

Grundprinzip des anglo-schottischen Stellvertretungsrechts ist, daß der Vertretene (principal) bei jedem durch den vollmachtlosen Vertreter (agent without authority) geschlossenen Vertrag durch eine genehmigende Handlung[246], die sogenannte "ratification", sich dessen Inhalt zu eigen machen kann[247]. Diese "ratification" kann auch stillschweigend erfolgen: "the ratification by aquiescence"[248]. Voraussetzung dafür ist, daß der

---

246) Auf den Begriff der Genehmigung wurde an dieser Stelle verzichtet, da dieser Begriff in der deutschen Rechtsterminologie eine festgelegte Bedeutung hat; statt dessen wird der Begriff der "ratification" verwendet werden.

247) Halsbury-French-Newman aaO vol. I para 756 f.; zu den weiteren Voraussetzungen vgl. Fridman aaO S. 43 ff. m.w.N.; für Schottland: Gloag/Henderson aaO S. 287 f., ch. XXIII 3

248) Vgl. z.B. auch Bank Melli Iran v. Barclays Bank (Dominion, Colonial and Overseas) (1951) 2 T.L.R. 1057, 1063 per McNair, J.: "... mere inaction or silence may be evidence from which a jury might infer an intention to ratify".

Vertretene nicht nur die Absicht hat, sich die Handlung des Vertreters zurechnen zu lassen, sondern über die Tatsachen- und Rechtslage hinsichtlich des Vertrages in vollem Umfang Kenntnis erlangt und er nicht innerhalb einer angemessenen Frist seiner angeblichen Stellung als Vertretener widersprochen hat[249]. Dies stillschweigende Verhalten muß in Verbindung mit den tatsächlichen Umständen des Sachverhalts so eindeutig und unmißverständlich sein, daß die Billigung oder Ablehnung des Vertreterhandelns deutlich wird[250]. Das einfache Schweigen ohne Hinzutreten weiterer Umstände, gilt nicht als "ratification"[251].

Die Wirkung jeder "ratification" ist, daß alle Beteiligten in die rechtliche Position versetzt werden, in

---

249) Halsbury-French-Newman aaO vol. I para 767, footnote 1 m.w.N.; Anson aaO S. 598, Bank Melli Iran v. Barclays Bank (1951) 2 T.L.R. 1057, 1063; Prince v. Clark (1823) 1 B & C 186, 189 per Abbott, C.J. La Banque Jacques Cartier v. La Banque D'Epargne de la Cité et du District de Montreal (1888) 13 App. Cas. 111, 117 f. P.C.; Morison v. London County and Westminster Bank Ltd. (1914) 3 K.B. 356; für Schottland: Ballantine v. Stevenson (1881) 8 R. 959 Barnetson v. Peterson (1902) 5 F 86

250) Powell aaO S. 113; Prince v. Clark (1823) 1 B & C 186, 189: "It was his duty, however, to notify his rejection of them within reasonable time ...".

251) Moon v. Towers (1860) 8 C.B. (N.S.) 611, 614 per Erle, C.J.; vgl. aber die scheinbar widersprüchliche Entscheidung Bank Melli Iran v. Barclays Bank (Dominion, Colonial and Overseas) (1951) 2 T.L.R. 1057, 1063

der der Vertragsschluß stattgefunden hat und als ob zu diesem Zeitpunkt der Vertreter vertretungsbefugt gewesen sei[252]. Die "ratification" hat also rückwirkende Kraft[253].

Aus den obigen Ausführungen kann man bei flüchtigem Hinsehen den Eindruck gewinnen, daß - ähnlich der deutschen Rechtslage - das Schweigen als Genehmigung behandelt wird. Bei genauerer Betrachtung drängt sich jedoch als Ergebnis auf, daß diese Form der stillschweigenden "ratification" nichts anderes ist als eine konkludente Erklärung; eben weil bestimmte Umstände, die einen Rückschluß auf den inneren Willen des Schweigenden zulassen, vorliegen, verliert das Schweigen seine nichtssagende Qualität. Diese Form des konkludenten Schweigens ist aber gerade, da es rechtlich relativ unproblematisch ist, nicht Gegenstand der vorliegenden Arbeit[254].

---

252) Halsbury-French-Newman aaO vol. I para 767; R. v. Chapman, ex parte Arlidge (1918) 2 K.B. 298, 305, 308 Firth v. Staines (1897) 2 Q.B. 70, 75: "To constitute a valid ratification three conditions must be satisfied: first the agent whose act is sought to be ratified must have purported to act for the principal; secondly, at the time the act was done the agent must have had a competent principal, and thirdly, at the time of ratification the principal must be legally capable of doing the act himself. ... Therefore, upon approval of the vestry (hier der Vertretene) being given, the acts of the committee (Vertreter) became valid as from the time they were done".

253) Anson aaO S. 594 f.; Powell aaO S. 116: "Omnis ratihabitio retrotrahitur et mandato priori aequiparatur"; Boston Deep Sea and Ice Co. v. Farnham (1957) 3 All E.R. 204, 209 per Harman, J.

254) Siehe oben S. 5.

Offen und damit ungeklärt ist vielmehr die Frage, was mit dem Vertrag geschieht, wenn der Vertretene diesen nicht genehmigt, auch nicht durch eine sogenannte "aquiescence", ob insbesondere dann ein klärungsbedürftiger rechtlicher Zustand der Schwebe, Unsicherheit, Unbestimmtheit etc. entsteht, bei dem das Schweigen des Vertretenen zur Lösung führt.

Die Beantwortung dieser Frage hängt wiederum entscheidend davon ab, was durch die Erklärungen des Dritten und des Vertreters rechtlich geschaffen wird und was genaugenommen Objekt einer "ratification" ist.

Powell stellt nach seiner Analyse der Rechtsprechung, die zu keinem eindeutigen Ergebnis geführt hat, zwei Ansätze vor[255)]: Einerseits stelle das zwischen Drittem und Vertreter Ausgehandelte zwar eine Vereinbarung (agreement) dar, die erst zur vertraglichen Bindung zwischen dem Dritten und dem Vertretenen führen soll, aber noch keinen Vertrag (contract)[256)]. Bis zur "ratification" durch diesen hat diese Vereinbarung keinerlei rechtliche Wirkung für den Vertretenen; sie ist ungültig (nude and without legal effect)[257)]. Andererseits könne der Vertretene die vollmachtlose Erklärung des Vertreters genehmigen und damit diese

---

255) Powell aaO S. 122

256) Diese Unterscheidung zwischen "agreement" und "contract" ist in Anbetracht der ansonsten übereinstimmenden Bedeutung wenig überzeugend.

257) Davon unabhängig bleiben die Rechte, die sich für den Dritten gegen den Vertreter ergeben. Für Schottland gilt Entsprechendes: Gloag/ Henderson aaO S. 299, ch. XXIII, 30

in einen Vertrag umformen[258].

Beiden Ansätzen ist gemeinsam, daß vor der "ratification" zwar etwas Genehmigungsfähiges aus der Sicht des anglo-schottischen Rechts existiert, jedoch auf keinen Fall ein gültiger Vertrag. Was Gegenstand und Ziel dieses Genehmigungsfähigen ist, verdeutlicht die Grundsatzentscheidung Bolton Partners v. Lambert[259]; nicht ein Vertrag wird genehmigt, sondern die vom Vertreter erklärte Annahme des Angebots. Daß nicht ein geschlossener Vertrag genehmigt wird, sondern eine Handlung des Vertreters, wird auch bei Fridman betont: "But ratification only operates in respect of past <u>acts</u>[260] on the part of the agent"[261].

Daraus aber wiederum folgt, daß zwar ein Vertrag von dem Dritten und dem Vertreter geschlossen wurde, der aber im Verhältnis zum Vertretenen erst nach einer "ratification" durchsetzbar wird. Unterbleibt diese, bleibt der Vertrag ungültig und damit nicht durchsetzbar[262].

---

258) "Another way of looking at the question would be to say that what P (principal) ratifies is simply A's (agent) unauthorized assent to T's (third) offer, and the ratification turns that assent into a contract". Powell aaO S. 122; so auch Bowstead/Reynolds/Davenport aaO S. 37 ff.

259) Bolton Partners v. Lambert (1889) 41 Ch.D. 295

260) Hervorhebung nicht im Original

261) Fridman aaO S. 58; vgl. Bowstead/Reynolds/Davenport aaO S. 37 ff.

262) "On the other hand, if the principal had never ratified the agent's acceptance of the offer, there could have been no valid contract between the third party and the principal although the third party could have sued the agent for breach of the implied warranty of authority". Fridman aaO S. 53 f.

In die gleiche Richtung, daß die "ratification" nur das Verhältnis Vertreter - Vertretener und nicht direkt den vollmachtlos geschlossenen Vertrag berührt, weist die Entscheidung Risbourg v. Bruckner[263]; auch hier wirkte die Genehmigung auf das vollmachtlose Handeln des Vertreters, wodurch ein Verhältnis zwischen allen Beteiligten begründet wurde, als habe die Vollmacht von Anfang an bestanden. Gleichzeitig endet damit für den vollmachtlosen Vertreter sein Verhältnis zu dem Vertrag Dritter - Vertretener. Für Schottland gilt Entsprechendes, wenn Gloag/Henderson feststellen, daß der Vertretene durch den vollmachtlosen Vertreter in keinem Fall gebunden wird, er jedoch zur Vertragspartei dadurch werden kann, daß er die Handlung des Vertreters genehmigt[264].

Den obigen Ausführungen läßt sich als Schlußfolgerung entnehmen, daß es im englischen und schottischen Recht der vollmachtlosen Stellvertretung keine rechtliche Situation der Schwebe, Ungewißheit oder Unklarheit gibt. In jedem Zeitpunkt ist die Rechtslage in bezug auf die drei im Stellvertretungsrecht betroffenen Personen eindeutig, so daß es keiner weiteren Handlungen oder sonstiger rechtswirksamer Akte bedarf. Insbesondere bedarf es keiner ausdrücklichen Erklärung des vollmachtlos Vertretenen in bezug auf das Geschäft zwischen Drittem und Vertreter. Ohne seine "ratification" bleibt zwar diese Vereinbarung existent; diese kann jedoch keine Gültigkeit zwischen Drittem und Vertretenen entfalten, sondern nur auf die Schadensersatzansprüche gegen den Vertreter sich auswirken. Entschließt sich der Vertretene dagegen zur

---

263) Risbourg v. Bruckner (1858) 3 C.B. (N.S.) 812, 822 f.

264) Gloag/Henderson aaO S. 296 ch. XXIII, 24

"ratification", so wirkt diese auf die Erklärung des Vertreters und damit auf den Vertrag zurück; dieser gilt dann als in dem Moment geschlossen, in dem ursprünglich der vollmachtlose Vertreter seine Erklärung abgegeben hat.

Aus dieser eindeutigen Rechtslage folgt wiederum, daß das Schweigen oder sonstige Untätigbleiben des vollmachtlosen Vertretenen nicht im Wege einer rechtlichen Bewertung zur Lückenausfüllung dienen muß. Das Schweigen ist rechtlich irrelevant, ein nullum[265].

2. Vertragsschluß durch Minderjährige

Wie bereits oben angedeutet, taucht eine ähnliche Problematik bei von Minderjährigen geschlossenen Verträgen auf. Die Geschäftsfähigkeit (capacity) liegt in Großbritannien wie in der Bundesrepublik bei 18 Jahren[266]. Als Minderjähriger - also unter diesem Zeitpunkt der Volljährigkeit - kann sich der Engländer und Schotte nur beschränkt vertraglich binden. Im Gegensatz zum englischen Minderjährigenrecht unterscheidet man im schottischen zwischen zwei Stufen der fehlenden Volljährigkeit: Die "pupillarity", die bei Mädchen bis 12 Jahre und bei Jungen bis 14 Jahre geht und die "minority", die den Zeitraum zwischen dem Ende der "pupillarity" und dem 18. Lebensjahr erfaßt. In Schottland hat der "pupil" keinerlei Möglichkeiten, sich wirksam vertraglich zu binden. Für Gegenstände, die er gleichwohl erwirbt, kann nicht der vertraglich

---

265) Vgl. auch Burnside v. Dayrell (1849) 3 Ex. 224, 231 per Pollock, C.B.; Chitty-Reynolds aaO para 2219, note 2

266) Family Law Reform Act 1969 c. 46, s. 1

vereinbarte Preis, sondern allenfalls ein angemessener verlangt werden. Es handelt sich dann dementsprechend nicht mehr um eine vertragliche, sondern um eine "gesetzliche" Anspruchsgrundlage[267].

Zu den Vertragstypen, die den Minderjährigen binden, gehören vor allem solche, die absolut notwendige Güter, Schul- und Berufsausbildung sowie Arbeitsverträge betreffen (contracts for necessaries, contracts of education, apprenticeship and service)[268]. Dies entsprach der diesen Fragenkomplex beherrschenden Grundregel des "common law". Alle anderen Vertragstypen galten bis zum Inkrafttreten des Infants Relief Act 1874[269] als vernichtbar[270] durch den Minderjährigen (nicht durch den anderen Vertragspartner), wobei es unerheblich war, ob die die Vernichtung begehrende Erklärung während der Minderjährigkeit oder bei Eintritt der Volljährigkeit ausgedrückt wurde. Innerhalb dieser Möglichkeit unterschied das "common law" zwischen sogenannten positiven anfechtbaren Verträgen (positive voidable contracts) und negativen anfechtbaren Verträgen (negative voidable contracts)[271]. Demgegen-

---

267) Gloag/Henderson aaO S. 62 ch. VI; S. 749 ch. XLVII, 4

268) Chitty-Atiyah aaO para 533 f., vgl. zu diesen Vertragstypen insbesondere para 536 ff.; Roberts v. Gray (1913) 1 K.B. 520, 525, 528 f.

269) 37 & 38 Vict., c. 62

270) In zahlreichen Entscheidungen wird statt des Begriffs "voidable" das Wort "void" verwendet, jedoch dürfte auch hier der Sinn von "vernichtbar" gemeint sein. Vgl. Chitty-Atiyah aaO para 534 Fußnote 12 mit Hinweis auf Williams v. Moor (1843) M & W 256, 263-264

271) Begriffe nach Anson aaO S. 206, Chitty-Atiyah aaO para 557 ff. und 567 ff. bezeichnet diese Gruppen: "Contracts valid unless repudiated" und "Contracts formerly valid when ratified". Atiyah, Law of Contracts aaO S. 85 nennt sie "void unless ratified".

über sind in Schottland alle Verträge eines Minderjährigen (minor) anfechtbar, allerdings ebenfalls nur während der Zeit der "minority" und vier Jahre nach Erreichen der Volljährigkeit (sogenannte "quadriennium utile")[272].

Funktion dieses dem Minderjährigen zugestandenen Rechts, den Vertrag zu vernichten, dürfte der Schutz vor unerwünschten Verträgen sein; daß dieses Recht bis in die Volljährigkeit hineinreicht und somit einen weiten Zeitraum umspannen kann, dürfte seinen Grund darin haben, daß den Eltern keine Verantwortlichkeit für die vertraglichen Verpflichtungen ihrer Kinder auferlegt werden. Da sie mit anderen Worten auch keine rechtliche Einflußmöglichkeit haben, muß dem vormals Minderjährigen zumindest bis in die Volljährigkeit die Möglichkeit gegeben werden, sich aus dem nunmehr nicht mehr vorteilhaft erscheinenden Vertrag zu lösen[273].

a) Positiv anfechtbare Verträge

In diese erste Gruppe gehören die Verträge, aufgrund derer der Minderjährige ein dauerndes Interesse erlangt, d.h. er muß Rechte, Pflichten, Vorteile oder Haftungsverantwortlichkeiten von nicht einmaliger oder kurzer, sondern von längerer Dauer, von fortdauernder bzw. wiederkehrender Natur erhalten (permanent and continuous interest). Zu nennen sind in diesem Zusammenhang in erster Linie Verträge über den Erwerb von

---

272) Gloag/Henderson aaO S. 62 ch. VI, 3

273) Chitty-Atiyah aaO para 586

Aktien oder von Anteilen und Rechten an Grundbesitz (interest in land)[274], d.h. an Vermögensobjekten, die ihrerseits längerfristig angelegt sind.

Ein derartiger Vertrag hat grundsätzlich bindende Wirkung für und gegen den Minderjährigen, es sei denn, dieser widerspricht (to disaffirm or to disclaim)[275] ihm noch während seiner Minderjährigkeit oder innerhalb vernünftiger Zeit (reasonable time) nach Erreichen der Volljährigkeit[276]. Insoweit läßt sich demnach feststellen, daß diese Vertragsgruppe "schwebende Wirksamkeit" entwickelt.

---

274) Anson aaO S. 213; allerdings ist diese Annahme nicht unbestritten;(vgl. Chitty-Atiyah aaO para 557, der dieses Prinzip zunächst nur auf 4 Vertragstypen, die den Landerwerb (lease or purchase of land), Eheverträge (marriage settlements), Erwerb von Aktien (subscription or purchase of shares) und Gesellschaftsverträge (partnership) betreffen,anwendet. Vgl. zu dieser Vertragsgruppe die ausführliche Darstellung bei Vial aaO S. 184 ff.

275) Anson aaO S. 213; Duncan v. Dixon (1890) 44 Ch.D. 211 at p. 213: "Voidable means valid until repudiated, not invalid until confirmed".

276) Anson aaO S. 206; anzumerken ist, daß der Vertrag ex nunc (nicht ex tunc) unwirksam wird, was zur Folge hat, daß in der Regel bereits empfangene oder erbrachte Leistungen nicht zurückgewährt werden können oder müssen. Vgl. Anson aaO S. 215. Lord Denning M.R. in Chaplin v. Leslie Frewin (Publishers) Ltd. (1965) 3 All E.R. 764 (769 f.): "... is voidable by the infant in this sense, that he is entitled to disclaim the disposition during infancy or within a reasonable time after coming of age".

Für die Frage, wie lange diese Berechtigung besteht, vertritt Chitty die Auffassung, daß der Minderjährige "... must then act promptly and clearly", ... wenn der Vertrag nicht bindend werden soll[277].

Was in diesem Zusammenhang z.B. "reasonable time" bedeutet, hängt von den Umständen des Einzelfalls ab[278]. Beispielsweise verpflichtete sich in einem Fall eines eherechtlichen Vertrages (marriage settlement) ein Minderjähriger, ihm testamentarisch zugewendete Nachlaßgegenstände seines Vaters in den Vertrag mit einzubringen. Nach dem Tode des Vaters und der damit verbundenen Erbschaft ließ der inzwischen Volljährige ein Jahr verstreichen, bis er sich von dem Vertrag lösen wollte. Diese Zeitspanne hielt das House of Lords für zu lang[279].

Diese Rechtslage hinsichtlich der positiv anfechtbaren Verträge führt somit zu dem Ergebnis, daß, wie bereits bei den Verträgen des vollmachtlosen Vertreters, das Vertragsverhältnis zwischen dem Minderjährigen und der anderen Partei zu keinem Zeitpunkt nicht eindeutig ist und einen weiteren Akt oder eine weitere Erklärung erfordert. Die Rechtslage ist grundsätzlich eindeutig. Andererseits folgt aus dem Recht des Minderjährigen zur Vernichtung des Vertrages und der dazu erforderlichen Erklärung, daß das Schweigen, d.h. die Nichtgeltend-

---

277) Chitty-Atiyah aaO para 557; Cork and Bandon Ry. v. Cazenove (1847) 10 Q.B. 935; Dublin and Wicklow Ry. v. Black (1852) 8 Exch. 181

278) Anson aaO S. 215

279) Edwards v. Carter (1893) A.C. 360; weitere Hinweise auf die Rechtsprechung vgl. Chitty-Atiyah aaO para 561

machung keine Auswirkungen auf den Vertrag in seinem Bestand hat. Wie bereits oben dargelegt, ist allein der endgültige Verlust eines Anfechtungsrechts Konsequenz des Untätigseins[280]. Mit anderen Worten kommt im Zusammenhang mit positiv vernichtbaren Verträgen dem Schweigen des Minderjährigen keine das Vertragsverhältnis ändernde oder festschreibende Funktion zu; es ist rechtlich ein nullum.

b) Negativ anfechtbare Verträge

Vor dem Inkrafttreten des Infant Relief Acts 1874 ging es in dieser Vertragsgruppe um solche Verbindlichkeiten, die zunächst für die Dauer der Minderjährigkeit des einen Vertragspartners keine Bindungswirkung gegen den in der Geschäftsfähigkeit Beschränkten entfaltete, die dieser jedoch seinerseits gegen den anderen durchsetzen konnte. Voll wirksam wurde ein derartiger Vertrag erst, wenn der Minderjährige die Volljährigkeit erreicht hatte und innerhalb angemessener bzw. vernünftiger Zeitspanne den Vertrag ausdrücklich bestätigte (to ratify expressly within reasonable time)[281].

---

280) Im heutigen Sprachgebrauch wird diese Wirkung mit dem Begriff "Acquiescence" zum Ausdruck gebracht. Vgl. auch Cork & Bandon Ry. v. Cazenove (1847) 10 Q.B. 935; Dublin & Wicklow Ry. v. Black (1852) 8 Exch. 181

281) Anson aaO S. 207; Chitty-Atiyah aaO para 567. An dieser Stelle soll auf die Bedenken begrifflicher Art hingewiesen werden, daß an sich der Begriff des vernichtbaren Vertrages voraussetzt, daß er zunächst bindend ist und dann später unwirksam gemacht werden kann. In dieser Gruppe liegt der Fall umgekehrt - der Vertrag ist zunächst nicht bindend und wird erst durch die

In diese Kategorie fielen die meisten Verträge, also solche, die weder nichtig noch positiv bindend waren: so zum Beispiel solche, wo sich der Minderjährige zu einer einmaligen Leistung verpflichtete (Kaufpreiszahlung für non-necessaries, Werk- oder Dienstleistungsvergütung[282], Wechsel- und Scheckverbindlichkeiten, Darlehensverträge).

Bei diesem Vertragstypus führte die Nichtgeltendmachung des Rechts des vormals minderjährigen Berechtigten, d.h. das Schweigen des volljährig gewordenen Vertragspartners, dazu, daß der Vertrag keine Bindungswirkung gegen ihn entfaltete. Diese mangelnde Bindungswirkung ist aber gerade eine Eigenschaft des "Vertrages", die von Anfang an besteht, so daß auch insoweit die Rechtslage von Anfang an eindeutig ist. Das Schweigen bedarf somit keiner rechtlichen Bewertung; es übt keine unmittelbare Funktion auf den Vertrag oder dessen Wirkung aus. Das gegenwärtige Recht im Hinblick auf das

---

281) (Fortsetzung)
Willenserklärung voll wirksam. Insofern ist es begrifflich verfehlt, an dieser Stelle von vernichtbaren Verträgen zu sprechen. Vgl. auch Anson aaO S. 2o7 Fn. 1 und Treitel aaO S. 399; Atiyah aaO S. 85, in dessen 2. Auflage dieses Problem nicht mehr behandelt wurde, weil der Verfasser der Auffassung war, es handele sich um ein zu komplexes Gebiet für eine Einführung. Auch der Begriff der "ratification" ist nicht unbedingt treffend, da es beim Vertragsschluß durch einen Minderjährigen nicht um eine Bestätigung einer wie auch gearteten vollmachtlosen Handlung geht. Vgl. dazu Powell aaO S. 1o9: "The word 'ratification' is not used in the sense of ratification of someone else's unauthorized act - it simply means affirmation".

282) Williams v. Moor (1843) 11 M & W 256

Minderjährigenrecht und die Geschäftsfähigkeit wird von dem Infant Relief Act 1874[283] geprägt, der in erster Linie den Schutz des Jugendlichen über die Regeln des oben aufgezeigten "common law" ausdehnen wollte:

> s.1. All contracts, whether by specialty or by simple contract, henceforth entered into by infants for the repayment of money lent or to be lent, or for goods supplied or to be supplied (other than contracts for necessaries), and all accounts stated with infants, shall be absolutely void: Provided always that this enactment shall not invalidate any contract into which an infant may, by any existing or future statute, or by the rules of common law or equity, enter, except such as now by law are voidable.
>
> s.2. No action shall be brought whereby to charge any person upon any promise made after full age to pay any debt contracted during infancy or upon any ratification made after full age of any promise or contract made during infancy, whether there shall or shall not be any new consideration for such promise or ratification after full age.

Daneben greift noch der Sale of Goods Act 1979 s. 3[284] ein, wo durch eine gesetzliche Definition des

---

283) 37 & 38 Vict. c. 62

284) 27 & 28 Eliz. II c. 54

> 3. - (1) Capacity to buy and sell is regulated by the general law concerning capacity to contract and to transfer and acquire property.
>
> (2) Where necessaries are sold and delivered to a minor or to a person who by reason of mental incapacity or drunkenness is incompetent to contract, he must pay a reasonable price for them.
>
> (3) In subsection (2) above "necessaries" means goods suitable to the condition in life of the minor or other person concerned and to his actual requirements at the time of the sale and delivery.

Begriffes "necessaries" eine Beschränkung der von einem Minderjährigen wirksam zu schließenden Verträge erreicht wird.

Obwohl der Wortlaut des Infant Relief Act 1874 nicht eindeutig ist[285], lassen sich doch folgende Gesichtspunkte feststellen: die in s. 1 genannten Vertragsarten sind von Anfang an nichtig; demgegenüber wird in s. 2 statuiert, daß die oben beschriebene Regelung des "common law", negativ vernichtbare Verträge (negative voidable contracts) bei Erreichen der Volljährigkeit zu bestätigen, in hohem Maße eingeschränkt wird. So können Verträge, die "debts" betreffen, überhaupt nicht mehr bestätigt werden, während alle anderen Vertragstypen der oben gezeigten "common law"-Regel nur dann wirksam werden können, wenn bei Erreichen der Volljährigkeit eine neue "consideration", d.h. Leistung und Gegenleistung, die über den ursprünglichen Vertragsgegenstand hinausgeht, vorliegt. Auch in diesem Fall ist es dementsprechend verfehlt, von einer Bestätigung zu sprechen; vielmehr liegt ein Neuabschluß vor[286].

Nach Erlaß dieses Gesetzes ist, abgesehen von den in jedem Fall gültigen Verträgen über Güter des notwendigen Lebensbedarfs, die weiterhin uneingeschränkt den Regeln des "common law" unterliegen[287], nunmehr lediglich die erste Gruppe, d.h. die "positive voidable contracts" denkbar[288].

---

285) Anson aaO S. 208

286) Anson aaO S. 211; Chitty-Atiyah aaO para 570 Fußnote 68 für "debts"; vgl. auch die ausführliche Liste der Rechtsprechung und der ihr zugrundeliegenden Sachverhalte bei Halsbury-Jackson-Booth vol. 24 aaO para 412

287) Chitty-Atiyah aaO para 569; Anson aaO S. 216

288) Anson aaO S. 213

Daß diese Verträge nicht unter den Schutz des Infant Relief Act 1874[289] fallen, liegt darin begründet, daß s. 1 drei enumerativ aufgezählte spezielle Vertragsarten nennt, unter die die positiv vernichtbaren Verträge aber nicht fallen. Diese Gruppe wird aber auch nicht von s. 2 erfaßt, weil das Vertragsversprechen (promise) bzw. die "ratification" vor Erreichen der Volljährigkeitsgrenze liegt[290]; s. 2 spricht von "promise or ratification after full age".

Diese Ausführungen zum Vertragsverhältnis mit Minderjährigen zeigen, daß - wie bereits beim Stellvertretungsrecht festgestellt - das anglo-schottische Recht die rechtliche Situation der Unsicherheit und Unbestimmtheit vermeidet. Zu jeder Zeit ist das Rechtsverhältnis zwischen den Vertragsparteien eindeutig bestimmbar - entweder es besteht ein gültiger Vertrag oder nicht. Das stillschweigende Verhalten bedarf keiner rechtlichen Bewertung, um das rechtliche Schicksal einer Vereinbarung zu bestimmen. Daß demgegenüber möglicherweise ein Anfechtungsrecht besteht, berührt bis zur Ausübung das Vertragsverhältnis nicht. Lediglich im Zusammenhang mit dieser Ausübung des Anfechtungsrechts kann das Schweigen einer anfechtungsberechtigten Person überhaupt relevant werden. Darin liegt aber rechtlich nichts Besonderes, wenn der Rechts- bzw. Anspruchsinhaber von seinem Recht keinen Gebrauch macht und sich schweigend verhält.

---

289) 37 & 38 Vict. c. 62

290) Anson aaO S. 208

II. Die Rechtslage in Deutschland und rechtsvergleichende Aspekte

1. Fiktionen im BGB

Während die beiden oben beschriebenen Vertragskonstellationen die anglo-schottische Haltung exemplarisch dergestalt darstellen, daß eine vertragsrechtlich unsichere, unbestimmte und von weiteren rechtsgestaltenden Akten abhängige Situation nicht vorkommt, ist das deutsche Vertragsrecht davon gekennzeichnet, daß bei zahlreichen gesetzlichen Tatbeständen erst durch Hinzutreten einer weiteren Handlung oder Erklärung einer am Vertrag beteiligten Partei das rechtliche Schicksal des Vertrages geklärt werden kann. Beispiele dieser in deutscher Begrifflichkeit umschriebenen sogenannten schwebenden Unwirksamkeit sind insbesondere die aus dem Stellvertretungsrecht (§ 177 II 2 BGB) und dem Minderjährigenrecht (§ 108 II 2 BGB) bekannten Fälle, die sich für einen direkten Vergleich anbieten. Daneben ist noch auf die auf § 177 II 2 BGB verweisende Vorschrift des § 458 I 2 BGB und § 415 II 2 BGB hinzuweisen; hinsichtlich der letzten Vorschrift hat es der eine Vertragsteil, im Gegensatz zu den ansonsten gesetzlich festgelegten zumeist 2-Wochen-Fristen, in der Hand, wie lange er den Zustand der vertraglichen Schwebe aufrechterhalten will.

Der Sache nach geht es um die sogenannte Genehmigung eines schwebend unwirksamen Geschäfts. D.h. von einer Vertragspartei liegt eine wirksame Vertragserklärung vor; lediglich von der anderen ist noch eine Erklärung erforderlich, um das schwebend unwirksame Geschäft in ein wirksames, gültiges zu verwandeln. Daß dieser Zustand der rechtlichen Ungewißheit nicht unendlich dauern kann, ist, schon angesichts der Interessenlage der anderen Vertragspartei an einer endgültigen, verbindlichen Sachlage, offensichtlich. Daher ist Esser[291] zuzustimmen, daß es nicht damit getan ist, dem Inhaber des Genehmigungsrechts (Dispositionsberechtigter) dieses Recht nach Ablauf einer bestimmten Zeit zu nehmen, da dadurch das Rechtsverhältnis weiterhin offen im Sinne der Wirksamkeit bzw. Unwirksamkeit bleiben dürfte. Das Untätigbleiben und Schweigen des Dispositionsberechtigten muß mithin mit Blick auf das Vertragsverhältnis einer endgültigen rechtlichen Bewertung zugeführt werden. Die Lösung hat der deutsche Gesetzgeber in der Form der Fiktion gesucht: Das Schweigen wird rechtlich behandelt als sei es eine Willenserklärung, gerichtet auf den genehmigungsbedürftigen Lebenssachverhalt. Damit wurde die frühere Auffassung, daß Schweigen eine Willenserklärung ist, aufgegeben; nach heute herrschender Meinung ist es tatbestandlich keine Willenserklärung, sondern steht lediglich in seinen Rechtswirkungen dieser gleich[292]. Ob die Fiktion sich positiv oder negativ auf das Rechtsgeschäft auswirkt, d.h. ob es bejahende oder verneinende Willenserklärung ist, hängt von den gesetzgeberischen Intentionen und Wertungsmaßstäben hinsichtlich des Vertragstyps ab; maßgebliches Kriterium ist, ob die rechtliche Bewertung des Schweigens zu wirtschaftlichen und rechtlichen Nachteilen beim Genehmigungsberechtigten führt.

Konsequenz dieser Bezugnahme auf den aus der Interessenlage sich ergebenden Willen ist, daß sich sowohl positive als auch negative Fiktionen im Gesetz finden. Letztere

---

291) Esser aaO S. 58

292) Larenz-AT aaO § 19 IV c; Fabricius aaO S. 1 ff; Flume-AT aaO § 5, 2

stellen insbesondere die eingangs aufgeführte Normenreihe dar: § 108 II 2 BGB erfaßt die rechtliche Wirkung des sich-nicht-Erklärens der gesetzlichen Vertreter, wenn der Minderjährige eine vertragliche Verpflichtung eingegangen ist, die schwebend unwirksam ist, weil kein Ausnahmetatbestand der §§ 110 ff. BGB vorliegt. Ebenso wie hier ein regelmäßig vermuteter rechtlicher oder wirtschaftlicher Nachteil für den Minderjährigen zur Ablehnungsfiktion führt, führt dieser beim vollmachtlosen Vertragsschluß durch einen Stellvertreter zur negativen, ablehnenden Fiktion des Schweigens des Vertretenen (§ 177 II 2 BGB). Entsprechende Motive haben den Gesetzgeber veranlaßt, das stillschweigende Verhalten des Gläubigers bei einer Schuldübernahme durch einen Dritten als Ausdruck der Verweigerung der Genehmigung zu betrachten (§ 415 II 2 BGB)[293]. § 458 I 2 BGB regelt das Wirksamwerden des schwebend unwirksamen Kaufvertrages, bei dem der Käufer an sich in der Zwangsvollstreckung (§ 456 BGB) oder beim Pfandverkauf (§ 457 BGB) nicht als solcher hätte auftreten dürfen und einer der Dispositionsberechtigten diesem Gesetzesverstoß nicht zustimmt[294].

Beispiele bejahender Erklärungswirkung des Schweigens sind die §§ 416 I 2, 496 S. 2 und 516 II BGB. In allen

---

293) Palandt-Heinrichs aaO § 415 Anm. 4; Motive II aaO S. 143 ff.

294) Staudinger-Honsell aaO § 458 Rdnr. 1; Motive II aaO S. 331: "Das Verbot ... dient vielmehr positiv zum Schutze der beim Verkauf Betheiligten, deren Interessen hier möglicherweise verschieden sind, sowie zur Garantie für die Unparteilichkeit und Lauterkeit in der Geschäftsführung der Personen, an welche das Verbot gerichtet ist".

drei Fällen wirkt sich die positive Wirkung der Fiktion nicht negativ auf die Interessenlage des Schweigenden aus.

Mit der Vorschrift des § 416 BGB soll der Erwerb eines mit einer Hypothek belasteten Grundstücks erleichtert werden, indem der Grundstücksveräußerer von seiner an sich bestehenden persönlichen Haftung für die vom Erwerber übernommenen Hypothekenschulden befreit wird[295]. Von diesem Erwerbsvorgang muß der Veräußerer seinem Gläubiger Mitteilung machen, damit dieser die Schuldübernahme wirksam genehmigen kann (§ 416 I 1 BGB). Satz 2 dieser Vorschrift regelt dann den Fall, daß eine derartige Mitteilung unbeantwortet bleibt, dahingehend, daß die Genehmigung nach Ablauf von 6 Monaten als erteilt gilt[296]. Diese gesetzlich normierte Fiktion[297] ist nicht dispositiv[298]; insbesondere soll nicht § 415 II 2 BGB gelten.

Will man die Genehmigung rechtlich näher einordnen, so erfordert dies zunächst die rechtliche Charakterisierung der Mitteilung. Allgemein vertreten wird die Auffassung, sie sei das Angebot zum Abschluß eines Schuldübernahmevertrages zwischen Gläubiger und Erwerber, abgegeben

---

295) Protokolle I aaO S. 414

296) Erman-Westermann aaO § 416 Rdnr. 5

297) Enneccerus-Lehmann aaO § 86 I 2; Leonhard, Schuldrecht AT aaO § 350, der sich ausdrücklich gegen eine widerlegliche Vermutung ausspricht; so aber Müko-Möschel aaO § 416 Rdnr. 2 und RGRK-Weber aaO § 416 Rdnr. 17

298) Erman-Westermann aaO § 416 Rdnr. 5

durch den Veräußerer als Vertreter[299]. Aus dieser rechtlichen Einordnung folgt, daß die Genehmigung durch Schweigen tatsächlich nicht eine Genehmigung im Sinne der §§ 182 ff. BGB ist, sondern vielmehr eine Annahme eines Angebots durch Schweigen. Damit liegt eine gesetzlich normierte Billigung des Falles vor, wo nur ein Angebot ausdrücklich erklärt zu werden braucht, während das Untätigsein zum Vertragsschluß durch Annahme führt.
Das Besondere an § 416 ist in diesem Zusammenhang, daß die Mitteilung des Veräußerers auch den Hinweis enthalten muß, daß nach Ablauf von 6 Monaten das Schweigen des Gläubigers als Annahme bzw. Genehmigung des Schuldübernahmevertrages gilt[300]. Damit wird gerade die Situation geschaffen, die im Regelfall vom Gesetzgeber nicht gewünscht wird: Der Anbietende zwingt dem Angebotsempfänger eine Rechtsfolge des Schweigens auf, die dieser nur durch aktives Handeln, in diesem Fall durch ausdrückliche Verweigerung verhindern kann.

Geht man von dem Grundsatz des deutschen Rechts aus, daß Schweigen in der Regel ein rechtliches Nichts, ein nullum ist, dann bildet § 415 II 2 BGB insofern eine Ausnahme, als hier die stillschweigende Genehmigung einer Willenserklärung gleichgesetzt wird. Von dieser Ausnahme macht § 416 I 2 BGB dann insofern eine weitere Ausnahme, als nunmehr die zunächst negative Willenserklärung als eine positive, zustimmende Willensäußerung behandelt wird.
Für zulässig wird diese erneute Ausnahme deshalb erachtet, weil zwischen dem Mitteilenden und dem Genehmigenden, hier

---

299) Soergel-Siebert-Schmidt aaO § 416 Rdnr. 3; dagegen verneint das BayObLG DRiZR 1926, Nr. 368 den rechtsgeschäftlichen Charakter völlig

300) Leonhard, Schuldrecht AT aaO § 350

dem Veräußerer und Gläubiger, eine rechtliche Beziehung bestehe, so daß der Rechtsgedanke des § 362 HGB zur Anwendung käme[301]. Gerade dieses Argument vermag nicht zu überzeugen, weil der Mitteilende hier nur als Vertreter des Angebotsabsenders auftritt, während bei § 362 HGB insofern Identität der Personen vorliegt.

Auf Kritik ist die Vorschrift des § 416 BGB vor allem deshalb gestoßen, weil mit der Fiktion die Möglichkeit sich eröffnet, dem Gläubiger einen unerwünschten Schuldner unterzuschieben, denn auch wenn eine dingliche Haftung des Grundstücks besteht, kann es dem Gläubiger nicht in allen Fällen egal sein, wer sein persönlicher Schuldner ist: So kann der neue persönlich haftende Schuldner seinen Verpflichtungen nur zögernd nachkommen, so daß ein kosten- und zeitintensives Zwangsvollstreckungsverfahren erforderlich wird. Zu Recht wird deshalb darauf hingewiesen, daß die Möglichkeit der ausdrücklichen Verweigerung nur ein schwacher Schutz für den Gläubiger sein könne, da sein Schweigen eben gerade Ausdruck der Unbeholfenheit und Unerfahrenheit in Grundstücksgeschäften sein könne[302]. In die gleiche Stoßrichtung weist die auf dem 31. Deutschen Juristentag geäußerte Kritik: Hier wird des weiteren gegen die Fiktion eingewandt, daß der Gläubiger nach der Mitteilung durch den Veräußerer nicht sicher sein könne, ob tatsächlich eine Schuldübernahme stattgefunden habe. Außerdem "spekuliere das deutsche BGB nicht nur auf die Trägheit, sondern vorwiegend auf die Dummheit des Hypothekengläubigers", wenn angesichts dieser Sachlage auf sein Stillschweigen gesetzt werde. Diese "legislative Bewertung

---

301) Soergel-Siebert-Schmidt aaO § 416 Rdnr. 5

302) Leonhard, Schuldrecht AT aaO § 350

der Dummheit" sei aber "sozialpolitisch nicht empfehlenswert", weil wirtschaftlich schwache Kreise davon betroffen sein können[3o3]. Damit liegt eine nicht von der Hand zu weisende, berechtigte Kritk vor, weil jede Art von in Zusammenhang mit Immobilien auftauchenden Fragen für den Durchschnittsbürger nicht zu seinen gewöhnlichen, alltäglichen Geschäften gehört.

Positive Bewertung erfährt das Schweigen einer Vertragspartei auch in § 496 BGB im Rahmen der Vorschriften zum Kauf auf Probe bzw. nach Besichtigung. Betroffen von dieser Einordnung ist jedoch nur das Verhalten, das der bereits erfolgten Übergabe der Ware unter Bestimmung einer angemessenen Billigungsfrist folgt. Das Schweigen des Käufers wird in diesem Fall als rechtsgeschäftliche Erklärung[3o4], als Willenserklärung[3o5], behandelt, d.h. es erfährt im Wege der Fiktion den Charakter einer ausdrücklich erklärten Annahme. Mit diesem Eintritt der Annahme wird der zunächst schwebend unwirksame Kaufvertrag "perfekt"[3o6]. Ist dagegen der Gegenstand nur als Muster übergeben worden, so gilt das Schweigen als Mißbilligung, also als negative, ablehnende Willenserklärung[3o7].

Die ratio legis dieser positiven Fiktion ist nach der gesetzgeberischen Vorstellung die, daß der Verkäufer ein Interesse an einer möglichst raschen Beendigung des Schwebezustandes, der zwischen Abschluß des Vertrages und möglicherweise bereits erfolgten Übergabe

---

3o3) Verhandlungen des 31. Deutschen Juristentages, Bd. I aaO S. 393; vgl. auch Bd. III aaO S. 133 ff.

3o4) Motive II aaO S. 336

3o5) RGZ 137, 297 (299); Soergel-Siebert-Ballerstedt aaO § 496 Rdnr. 3; zum Fall der nicht angemessenen Fristsetzung: OLG Nürnberg BB 1966, 878

3o6) Motive II aaO S. 336

3o7) Palandt-Putzo aaO § 496 Anm. 2; RGZ 137, 297 (299); Muskat, Gruchot aaO S. 211

der Sache und der Billigung durch den Käufer liege, habe[308]. Da nach Ablauf der vom Verkäufer gesetzten angemessenen Erklärungsfrist ein längeres Zuwarten diesem nicht mehr zumutbar sei, handelt es sich demgemäß um eine Vorschrift mit Rücksicht auf Treu und Glauben zugunsten des Verkäufers[309].

Eine von der Interessenlage dem § 496 S. 2 BGB ähnliche Konstellation regelt § 516 II 2 BGB; der Schenker hat dem Beschenkten einen Vermögensvorteil zukommen lassen, ohne daß dieser davon weiß oder dieses will. Mit anderen Worten fallen Schenkungsvollzug und Einigung zeitlich auseinander[310]. Da auch der Schenkungsvertrag Angebot und Annahme voraussetzt[311], entsteht hier regelmäßig ein Schwebezustand, da die Annahme fehlt, der Anbietende jedoch an sein Angebot entgegen der Vorschriften der §§ 146-149 BGB bis zu einer Erklärung gebunden bleibt[312]. Diesen Schwebezustand zu beenden, liegt im Interesse des Schenkenden; das ihm zur Verfügung stehende Instrument ist die Aufforderung zur Erklärung innerhalb einer angemessenen Frist. Verstreicht diese ohne Erklärung seitens des Angebotsempfängers, d.h. des Beschenkten, so gilt im

---

308) Vgl. zum Schwebezustand beim Kauf auf Probe: Müko-Westermann aaO § 495 Rdnr. 6

309) Siehe dazu Soergel-Siebert-Ballerstedt aaO § 496 Rdnr. 3; RGRK-Mezger aaO § 496 Anm. 2

310) Müko-Kollhosser aaO § 516 Rdnr. 37

311) Vgl. zur Vertragsnatur der Schenkung: Motive II aaO S. 288

312) In der Zuwendung wird zugleich das Angebot zum Abschluß des obligatorischen Schenkungsvertrages gesehen; vgl. dazu Motive II aaO S. 289; Protokolle II aaO S. 7 f.

Wege der Fiktion[313] die Annahme als erklärt[314]; dieses gilt selbst dann, wenn er aufgrund seiner Unkenntnis vom Schenkungsvorgang kein Erklärungsbewußtsein hat. Begründet wird die rechtliche Bewertung vom Gesetzgeber damit, daß regelmäßig der Beschenkte keinen Anlaß haben dürfte, die Schenkung abzulehnen, so daß die "praktische Zweckmäßigkeit" für diese Form der Fiktion spreche[315].

Von dem Vorliegen sowohl eines stillschweigenden Angebots als auch einer solchen Annahme geht die leicht übersehene mietrechtliche Vorschrift des § 568 BGB und die weitaus bekanntere arbeitsrechtliche Vorschrift des § 625 BGB aus: Die stillschweigende Weiterbenutzung einer Mietsache nach Beendigung des Mietverhältnisses bzw. die Fortsetzung des Arbeits- oder Dienstverhältnisses stellt die durch Schweigen geschlossene Übereinkunft[316], also den Vertrag über die auf unbestimmte Zeit vereinbarte Verlängerung des ursprünglichen[317]

---

313) Zur Begründung der Fiktion vgl. die Protokolle II aaO S. 7 f.

314) Staudinger-Reuss aaO § 516 Rdnr. 17

315) Siehe die Protokolle II aaO S. 7 f., in der auch der gegenteilige Standpunkt, daß Schweigen als Ablehnung gelten solle, erörtert wird. Canaris weist auf den lediglich vorteilhaften Charakter des Geschäfts als Begründung hin. Vgl. Canaris FS Wilburg aaO S. 78

316) Müko-Voelskov aaO § 568 Rdnr. 1; vgl. die zu dieser Norm ergangene Literatur in der Übersicht bei Staudinger-Emmerich aaO § 568; Gather aaO S. 293 f.; wegen § 564 b nicht mehr interessengerecht: Palandt-Putzo aaO § 568 Anm. 1; Staudinger-Neumann aaO § 625 Rdnr. 1; Motive II aaO S. 468

317) Abgesehen von den zeitlichen und die Kündigung betreffenden Bedingungen; vgl. LG Köln MDR 57, 166; LG Essen NJW 61, 1166; LG München ZMR 63, 242

Miet- bzw. Arbeitsverhältnisses dar. Dabei wird diese Vereinbarung vom Gesetzgeber als Fiktion ausgestaltet[318], bei der es auf den Parteiwillen nicht ankommt[319].

Als Grund für diese genaugenommen doppelte Vertragsfiktion heißt es lapidar in den Motiven, daß "praktische Bedürfnisse"[320] sie erforderten bzw. eine Verneinung einer derartig konstruierten stillschweigenden Vertragsverlängerung den "beiderseitigen Interessen" widerspräche[321]. Im Klartext heißt das, daß ein vertragsloser Zustand, bei dem die Vertragsparteien lediglich auf Kondiktions-, Delikts- und Vindikationsvorschriften verwiesen wären, vermieden werden soll[322]. Die ratio legis ist also an dieser

---

318) Müko-Voelskov aaO § 568 Rdnr. 2

319) Palandt-Putzo aaO § 568 Anm. 3; Staudinger-Emmerich aaO § 568 Anm. 4, 15, 27; insofern wohl mißverständlich RGZ 140, 314 (316 f.), die in dem Schweigen keine Rechtsvermutung für den Abschluß eines Verlängerungsvertrages sieht, sondern lediglich eine objektive Tatsache, die als Anknüpfungspunkt für eine zeitliche Erstreckung des (ursprünglichen) Vertragsverhältnisses. Staudinger-Neumann aaO § 625 Rdnr. 12; das BAG versteht diese Fiktion aber in dem Sinn, daß der objektive Tatbestand einer Willenserklärung gleichgestellt sei; BAG AP Nr. 1 zu § 625; so ausdrücklich auch Staudinger-Neumann aaO § 625 Rdnr. 6; a.A. Müko-Schwerdtner aaO § 625 Rdnr. 7, der in der stillschweigenden Fortsetzung ein Angebot zum Vertragsabschluß sieht, die Fiktion auf die Dauer des Vertrages bezieht.

320) Mugdan II aaO S. 230, 468

321) Mugdan II aaO S. 231 m.w.N. auf die historischen Rechtsgrundlagen S. 468

322) Esser-Weyers, Schuldrecht II aaO § 17 I 2

Stelle die Klarstellungsfunktion des Rechtsverhältnisses und nicht der Grundsatz von Treu und Glauben, der einseitig nur einer Partei zugute kommt bzw. deren berechtigte Interessen schützen soll[323)].

2. Fiktionen im HGB

Neben diesen die positive Fiktion festschreibenden Vorschriften im Bürgerlichen Gesetzbuch finden sich eine Reihe von handelsrechtlichen Normen, die dem stillschweigenden Verhalten einer Vertragspartei bezüglich des Vertrages positive, bejahende oder genehmigende Wirkung zuschreiben.

Eine Ausnahme von der Grundregel des § 177 II 2 BGB stellt die handelsrechtliche Vorschrift des § 91 a HGB dar; danach gilt das Schweigen eines Unternehmers auf einen von einem Vermittlungs- oder Abschlußvertreter unter Überschreitung seiner Vollmacht abgeschlossenen und ihm mitgeteilten Vertrag als Genehmigung, wenn dem Dritten der Mangel der Vertretungsmacht unbekannt war[324)]. Bei dieser Vorschrift handelt es sich ebenfalls um eine unwiderlegliche Rechtsvermutung[325)], eine Fiktion[326)]. Dadurch wird der Mangel der fehlenden Vertretungsmacht geheilt, und der Unternehmer ist nunmehr

---

323) AK-BGB-Derleder aaO § 568 Rdnr. 1; vgl. auch Staudinger-Emmerich aaO § 568 Rdnr. 2, der auch den Mieter geschützt sehen will.

324) Vgl. zu den einzelnen Merkmalen des § 91 a HGB: Schröder aaO § 91 a Rdnr. 3 f.; RGZ 60, 187 (188)

325) Staub-Brüggemann aaO 4. Aufl. § 91 a Rdnr. 4 und 12

326) Staub-Brüggemann aaO 4. Aufl. § 91 a Rdnr. 10

in vollem Umfang aus dem vom Handelsvertreter geschlossenen Vertrag berechtigt und verpflichtet[327]. Inhaltlich eine entsprechende Bedeutung hat die Vorschrift des § 75 h HGB, die das vollmachtlose Handeln eines Handlungsgehilfen regelt[328].

Während also im Fall des § 177 BGB der schwebend unwirksame Vertrag nur durch eine ausdrückliche Genehmigung wirksam werden und Schweigen nach dem ausdrücklichen Willen des Gesetzgebers diese Rechtsfolge nicht hervorrufen kann, liegt der Sachverhalt bei § 91 a HGB genau umgedreht: Schweigen steht der ausdrücklichen Genehmigung gleich[329]. Diese Rechtswirkung trifft auch den Unternehmer bzw. den am Handel Teilnehmenden, der nicht dem Kaufmannsbegriff der §§ 1 ff. HGB unterfällt[330].

Die ratio legis der Ausnahme vom Grundsatz des § 177 II 2 BGB wird darin gesehen, daß Geschäftssitte, Treu und Glauben in bestimmten handels- und kaufmannsrechtlichen Situationen es erfordern, daß sich der Geschäftspartner nicht passiv, schweigend verhält, sondern vielmehr seine Ablehnung positiv kundzutun habe[331]. Der Dritte darf also davon ausgehen, daß der Unternehmer, sobald er die näheren Umstände des Geschäfts erfahren habe, widersprechen werde, falls er das Verhalten seines

---

327) Schröder aaO § 91 a Rdnr. 15

328) Baumbach-Duden-Hopt aaO § 75 h Anm. 1; Schlegelberger-Schröder aaO § 75 h Rdnr. 1; zum Begriff des Handlungsgehilfen vgl. Schlegelberger-Schröder aaO § 59 Rdnr. 1 f.

329) Siehe dazu Staub-Brüggemann aaO 4. Aufl. § 91 a Rdnr. 21; Heymann-Kötter aaO § 91 a Anm. 3; Baumbach-Duden-Hopt aaO § 91 a Anm. 2

330) Hopt aaO S. 689

331) Staub-Brüggemann aaO 4. Aufl. § 91 a Rdnr. 4

Vertreters nicht gegen sich gelten lassen will[332]. Kommt er seiner Erklärungspflicht nicht nach, so gilt, unabhängig von seinem Willen oder von dem Grund seines Schweigens, dieses als positive Erklärung, als Genehmigung und damit als Annahme des Vertragsinhaltes.

Eine handelsrechtliche Besonderheit - und damit eine Ausnahme der allgemeinen Vorschrift des § 663 BGB - stellt § 362 HGB dar. Hier wie dort geht es um die Frage, was mit einem eine Geschäftsbesorgung beinhaltenden Angebot an einen Kaufmann, dessen Gewerbebetrieb derartige Tätigkeiten erbringt, geschieht, wenn dieser darauf schweigt. Während nach § 663 BGB nur Schadensersatz zu leisten ist, wenn der Angebotsempfänger nicht unverzüglich ablehnt, führt das Schweigen unter den Voraussetzungen des § 362 I HGB zur Annahme des Antrages, mithin zu einem voll wirksamen Geschäftsbesorgungsvertrag. Dementsprechend erlangt der Antragsabsender einen Anspruch auf Vertragserfüllung bzw. bei schuldhafter Nichterfüllung einen Schadensersatzanspruch, der auf das positive Interesse geht[333].

Da auch im Handelsrecht regelmäßig die allgemeinen zivilrechtlichen Grundsätze gelten, d.h. daß Schweigen keine Willenserklärung und dementsprechend keine Zustimmung sein kann[334], stellt § 362 I HGB im Hinblick

---

332) Staub-Brüggemann aaO 3. Aufl. § 91 a Rdnr. 3

333) Erman-Hauß aaO § 663 Rdnr. 2; Staudinger-Wittmann aaO § 663 Rdnr. 10; Schlegelberger-Hefermehl aaO § 362 Rdnr. 16, 28, wo auch von einer sogenannten "Erfüllungshaftung" gesprochen wird.

334) BGHZ 1, 353 (355); 18, 212 (216); Raisch aaO S. 251; Staub-Canaris aaO 3. Aufl. § 362 Rdnr. 1; Fabricius aaO S. 52; siehe auch Düringer-Hachenburg aaO § 362 Anm. 9

auf die Rechtsfolgenseite eine Ausnahme von der Ausnahme des § 663 BGB dar. Seiler faßt die Vorschrift sogar als eine Ausnahme von dem zivilrechtlichen Grundsatz der Abschlußfreiheit auf[335]. Da durch das Schweigen des Angebotsempfängers das Angebot als angenommen gilt, handelt es sich um eine gesetzliche Fiktion, die keiner Widerlegung zugänglich ist[336]. Karsten Schmidt beleuchtet dagegen mehr die hinter dem gesetzgeberischen Willen stehende Wertung, in dem er auf das fehlende Bedürfnis einer Annahme bzw. deren Schein[337] abstellt; so daß der Vertrag ohne "die erforderliche Prozedur des Vertragsschlusses" zustande kommt[338]. Konsequenz dieser Position ist, daß es auf einen möglicherweise entgegenstehenden Willen seitens des schweigenden Vertragsteils nicht ankommen kann[339].

Ihre Begründung findet die Fiktion in handelsrechtlichen Bedürfnissen, insbesondere Leichtigkeit, Schnelligkeit und Verkehrssicherheit des Geschäftsverkehrs, d.h. schnelle Klärung der Frage, ob ein Vertragsabschluß zustande gekommen ist[340]. Insofern ent-

---

335) Müko-Seiler aaO § 663 Rdnr. 1

336) Bandasch aaO § 362 Rdnr. 2; Müko-Seiler aaO § 663 Rdnr. 13; Fabricius aaO S. 52; nach Auffassung von Canaris-Vertrauenshaftung aaO § 19 I liegt ein Fall der Rechtsscheinhaftung vor.

337) So wohl auch im Ergebnis Düringer-Hachenburg aaO § 362 Anm. 2

338) Schmidt aaO S. 404 f.

339) Schlegelberger-Hefermehl aaO § 362 Rdnr. 19

340) Vgl. zu der historischen Entwicklung und Begründung in Art. 323 I ADHGB; Art. 240 des Preußischen Entwurfs und das Allgemeine Landrecht (ALR): Schmidt aaO S. 402, 404 f.; Raisch aaO S. 251 mit Auszügen aus den einschlägigen Gesetzen; im übrigen siehe dort.

spricht der Regelungsgrund dem der §§ 91 a und 75 h HGB[341]. Nicht zuletzt wegen dieses Interesses des Handels ist die Vorschrift nicht nur auf Antragsempfänger, die Kaufleute im Sinne der §§ 1, 2, 3 II und 6 HGB sind, beschränkt, sondern sie erfaßt die Minderkaufleute gem. § 4 HGB und die gem. § 5 HGB fälschlicherweise eingetragenen Geschäftsleute gleichermaßen[342]. Ein Teil der Literatur vertritt die Meinung, daß der strengen Rechtsfolge der "Handels- und Berufsverkehrsschutznorm"[343] des § 362 HGB auch derjenige Unternehmer zu unterstellen sei, der sich wie ein Kaufmann geriert und von dem deshalb zu erwarten sei, daß er die kaufmännischen Sitten beachtet[344].

---

340) (Fortsetzung)
Düringer-Hachenburg aaO § 362 Anm. 10, 19 verweist zur Begründung noch auf den Grundsatz von Treu und Glauben sowie auf die kaufmännische Verkehrssitte. In bezug auf das Merkmal von Treu und Glauben ist auf das Tatbestandsmerkmal in § 362 HGB hinzuweisen, daß zwischen den fraglichen Personen eine Geschäftsbeziehung bestehen muß, d.h. der Geschäftsverkehr muß von einer gewissen Dauer sein. Vgl. Düringer-Hachenburg aaO § 362 Anm. 13; RGZ 28, 322

341) Baumbach-Duden-Hopt aaO § 91 a Anm. 1

342) Schlegelberger-Hefermehl aaO § 362 Rdnr. 8; RGRK-Godin aaO § 362 Rdnr. 8; Staub-Canaris aaO § 362 Rdnr. 4; Düringer-Hachenburg aaO § 362 Anm. 11

343) Hopt aaO S. 689

344) Canaris-Vertrauenshaftung aaO S. 206; Schmidt aaO S. 406; Schlegelberger-Hefermehl aaO § 362 Rdnr. 8; Raisch aaO S. 257 m.w.N.; Baumbach-Duden-Hopt aaO § 362 Anm. 2 A; dagegen wohl Düringer-Hachenburg aaO § 362 Anm. 11

Weiterhin stellen die §§ 377 II, III; 378 HGB Vorschriften dar, in denen der Gesetzgeber dem Schweigen einer Vertragspartei ausdrücklich positive Wirkung beimißt. Geregelt wird das nur dem Handelsrecht[345] eigene Rechtsinstitut der Rügepflicht eines Kaufmanns auf mangelhafte, falsche oder mengenmäßig vom Vertragsinhalt abweichende Warenlieferung durch seinen Vertragspartner, der ebenfalls dem Kaufmannsbegriff der §§ 1 ff. HGB unterfallen muß. Daneben gilt diese Vorschrift auch für Minderkaufleute (§ 4 HGB)[346], den Rechtsscheinkaufmann (§ 5 HGB) und gegebenenfalls auch den sich wie ein Kaufmann gerierenden Nichtkaufmann[347]. Die Auffassung, daß auf jeden Fall ein beiderseitiges Handelsgeschäft vorliegen muß[348], um §§ 377, 378 anzuwenden, dürfte damit überholt sein. Teilweise wird bei nur einseitigem Handelskauf die Rügepflicht aus § 242 entnommen[349].

Unterbleibt diese Mängelanzeige (oder ist sie unvollständig), verhält sich der Käufer also schweigend, so gilt nach dem Gesetzeswortlaut die Ware als genehmigt, d.h. als dem Vertragsinhalt entsprechend[350]. Diese Genehmigungsfiktion[351] ist zwingend[352] und kann demzu-

---

345) Staub-Brüggemann aaO 4. Aufl. § 377 Rdnr. 1

346) BGH NJW 1980, 782 (783)

347) Baumbach-Duden-Hopt aaO § 377 Anm. 1 A; Hopt aaO S. 689 f.

348) Düringer-Hachenburg aaO § 377 Anm. 3, 81

349) Vgl. z.B. OLG Stuttgart MDR 1958, 774

350) BGH LM § 377 HGB Nr. 5 und 6; vgl. Hagens HansRZ 1920, 115

351) Staub-Brüggemann aaO 4. Aufl. § 377 Rdnr. 162, § 378 Rdnr. 42; Baumbach-Duden-Hopt aaO § 377 Anm. 1 C; BGH NJW 1980, 782 (784) spricht sogar von einer allseitigen Fiktion, die auch jeden Dritten am Vertragsverhältnis Beteiligten trifft.

352) RGZ 170, 156 (158)

folge nicht widerlegt werden[353]; damit eng verbunden ist, daß der Parteiwille grundsätzlich unerheblich ist, d.h. der Käufer kann sich nicht auf die Unkenntnis der Rechtswirkung seines Schweigens berufen[354].

Probleme bereitete jedoch die dogmatische Behandlung dieser Genehmigungswirkung: in Betracht kam einerseits die Einordnung als gesetzestechnisches Mittel, das den Verlust von Rechten ex lege zur Folge hat, andererseits die einer Rechtswirkung einer echten Willenserklärung. Heute dürfte sich die Auffassung durchgesetzt haben, daß das Schweigen keiner Willenserklärung gleichzusetzen ist, sondern die Genehmigungsfiktion "Wirkung und Folge des Unterbleibens der Mängelanzeige in seiner Tatsächlichkeit ist"[355]. Begründet wird diese Erfassung des Schweigens damit, daß, im Gegensatz zu sonstigen gesetzlich normierten Behandlungen des Schweigens (z.B. §§ 496 S. 2; 516 II BGB), es bei §§ 377, 378 HGB nicht um das Zustandekommen, mithin die Verwirklichung eines Vertrages und somit um den Erwerb von Ansprüchen aus dem Vertrag gehe. Statt dessen behandeln die Normen der §§ 377 II, III; 378 HGB eine bestimmte Form des Rechtsverlustes, d.h. der Käufer kann nach Ablauf der Rügefrist keinerlei Gewährleistungsansprüche etc. bezüglich der Kaufsache geltend machen. Damit rückt die

---

353) Staub-Brüggemann aaO 4. Aufl. § 377 Rdnr. 162; RG JW 1936, 2391 Nr. 7; RGZ 65, 49 (54); Düringer-Hachenburg aaO § 377 Anm. 58

354) Vgl. Fn. 5; RGZ 65, 49 (54); Schlegelberger-Hefermehl aaO § 377 Rdnr. 83

355) Staub-Brüggemann aaO 4. Aufl. § 377 Rdnr. 162; RGZ 65, 49 (54); Düringer-Hachenburg aaO § 377 Anm. 58 bezeichneten die Fiktion als sog. unechte Willenserklärung; vgl. auch RG JW 1902 S. 134 Nr. 46

Einordnung des Schweigens in die Nähe des Rechtsinstituts der Verwirkung[356].

Inhaltliche Begründung für diese Ausnahme von den allgemeinen Grundsätzen des BGB ist überwiegend, daß die Vorschriften des allgemeinen Zivilrechts für den Handelskauf zu schwerfällig seien und die Parteien, insbesondere der Verkäufer ein besonderes Interesse an einer schnellstmöglichen Klarheit darüber habe, ob sein Vertragspartner noch Ansprüche gegen ihn geltend machen wolle[357]. Da für diesen Fall buchhaltungsmäßige Rückstellungen erforderlich seien, erfordert es Treu und Glauben[358], daß die Gewährleistungsfristen etc. des bürgerlichen Rechts zugunsten des Handelsverkehrs verkürzt werden. Gleichzeitig ermöglichen die §§ 377, 378 HGB es dem Verkäufer, eine sichere Beurteilungsmöglichkeit über seine weiteren Dispositionen zu bekommen, die Korrektheit der Beanstandungen zu überprüfen und seinerseits einer späteren Beweisnot im Prozeß vorzubeugen[359].

Eine von der Rechtsfolgenseite und der Konstruktion durch den Gesetzgeber den §§ 377 II, III; 378 HGB sehr ähnliche Norm ist der § 386 HGB; danach muß der Kommittent, will er nicht vertraglich gebunden sein, unverzüglich dem vom Kommissionär geschlossenen Vertrag widersprechen, wenn dieser das Preislimit nicht eingehalten hat.

---

356) Siehe dazu Staub-Brüggemann aaO 4. Aufl. § 377 Rdnr. 164; Schlegelberger-Hefermehl aaO § 377 Rdnr. 82; vgl. auch zu den Ansprüchen, die nach Ablauf der Rügefrist nicht mehr geltend gemacht werden können: Baumbach-Duden-Hopt aaO § 377 Anm. 1 C m.w.N.

357) Staub-Brüggemann aaO 4. Aufl. § 377 Rdnr. 3; Schlegelberger-Hefermehl aaO § 377 Rdnr.1

358) Durchlaub aaO S. 827 m.w.N.; OLG Hamburg JW 1919, 257 Nr. 9; OLG Hamm VersR 1979, 477 (478)

359) Koppensteiner aaO S. 548, 553

Auch in diesem Fall liegt eine Genehmigungsfiktion vor, wenn eine Erklärung nicht ausdrücklich erfolgt, mit der Konsequenz des weitgehenden Rechtsverlustes[360]. Hintergrund der Regel ist, wie schon oben bei den §§ 377 II, III; 378 HGB, die Klarheit und Rechtssicherheit im Handelsverkehr, der eine größtmögliche Schnelligkeit erfordert[361]. Daneben soll der Kommittent nicht auf Kosten des Kommissionärs auf einen Gewinn spekulieren können, indem er diesen darüber im Unklaren läßt, ob er das vermittelte Geschäft ausführen will[362].

3. Rechtsvergleichende Aspekte

Vergleicht man die untersuchten Rechtsordnungen, so läßt sich feststellen, daß dem anglo-schottischen Recht eine vertragsrechtliche Situation dergestalt, daß der Vertrag zwar geschlossen, aber noch zu seiner Wirksamkeit einer zusätzlichen Erklärung oder Handlung bedarf, wie dies im deutschen Recht bei den schwebend unwirksamen Verträgen der Fall ist, unbekannt und fremd ist. Vielmehr kennt dort die Rechtsordnung nur die Wirksamkeit oder Unwirksamkeit der Vereinbarung. Zwitterstellungen, die zur rechtlichen Unsicherheit und Unbestimmtheit führen könnten, werden vermieden; es entsteht also keine regelungsbedürftige Lücke. Das Schweigen und dessen rechtliche Bewertung hat also nicht die Funktion, ein Rechtsverhältnis perfekt werden zu lassen. Daß daneben möglicherweise Rechte zur rück-

360) Staub-Koller aaO 3. Aufl. § 386 Rdnr. 12; Heymann-Kötter aaO § 386 Anm. 3; Baumbach-Duden-Hopt aaO § 387 Anm. 3; Düringer-Hachenburg aaO § 386 Anm. 11

361) Schlegelberger-Hefermehl aaO § 386 Rdnr. 11, 12; Staub-Koller aaO 3. Aufl. § 386 Rdnr. 12

362) Düringer-Hachenburg aaO § 386 Anm. 2

wirkenden Vernichtung oder Anfechtung bestehen, berührt grundsätzlich diesen Punkt nicht, da solche Rechte auch dem deutschen Recht beispielsweise mit den §§ 119, 123 BGB nicht unbekannt sind. Lediglich im Zusammenhang mit der Ausübung dieser Rechte kennt auch das anglo-schottische Recht die rechtliche Bewertung des Schweigens: in natürlicher Betrachtungsweise bedeutet das Schweigen die Nichtausübung des bestehendes Rechts und damit also ein nullum. Obwohl also die drei untersuchten Rechtsordnungen auf dem Prinzip der Privatautonomie bzw. der Vertragsfreiheit und damit auf der Prämisse des korrekten Verhaltens aller am Rechtsleben Teilnehmenden basieren, ist im anglo-schottischen Rechtssystem das Schweigen als eine Art von Störungsform des Verhaltens unbekannt geblieben[363).

Demgegenüber ist das deutsche Recht an zahlreichen Stellen von dem schwebend unwirksamen Vertragstypus geprägt, dessen Ungewißheitsfaktor nur durch Hinzutreten einer weiteren Erklärung beseitigt werden kann. Die Konstruktion ist dogmatisch so angelegt, daß ohne dieses zusätzliche Erfordernis grundsätzlich der Zustand der Rechtsunsicherheit zeitlich unbegrenzt andauern kann. Um ein für alle Rechtsteilnehmer untragbares Ergebnis zu vermeiden, mußte der Gesetzgeber für den Fall des Schweigens der zur Erklärung berechtigten oder verpflichteten Partei eine Regelung schaffen, die die schwebende Unwirksamkeit entweder zur endgültigen oder zur Wirksamkeit werden läßt. Dies geschieht mit dem rechtlichen Hilfsmittel der Fiktion, das heißt das Fehlen einer ausdrücklichen Erklärung wird als positive bejahende oder als negative, ablehnende Erklärung behandelt.

---

363) Zu den Störungsformen: von Hippel-Problem aaO S. 57 ff.

Dabei ist insbesondere auffällig, daß der Gesetzgeber in nur 4 Fällen dem Schweigen eine negative Erklärungswirkung zumißt, aber in der weitaus größeren Anzahl der fiktionserfordernden Fälle eine positive. Daß die negative Fiktion etwas Überflüssiges und Inhaltsloses darstellt, hat schon Bydlinski hervorgehoben, da der normative Gehalt der infrage kommenden Vorschriften sich nicht dadurch ändert, daß der Halbsatz "wird sie (die Genehmigung) nicht erklärt, so gilt sie als verweigert" gestrichen wird[364]. Insbesondere das Handelsrecht und damit der Vertrag unter Kaufleuten spielt hierbei eine hervorragende Rolle. Daß hier die positive Wirkung des Schweigens im Vordergrund steht, wird regelmäßig mit der Bedeutung und dem Wesen des Handelsverkehrs begründet, bei dem jeder Vertragspartner ein Interesse an einer schnellen Klärung der Rechtslage hat und demgemäß der untätig, sich schweigend Verhaltende das Risiko dieses Verhaltens zu tragen habe. Insgesamt läßt sich somit feststellen, daß das Schweigen über den Umweg der Fiktion immer mehr in die Rolle einer positiven Erklärung gerät, so daß der Satz, daß Schweigen keine Erklärung, ein rechtliches nullum sei, mit größter Zurückhaltung zu verwenden ist. Diese Zurückhaltung erscheint umso dringender erforderlich, als sich gerade bei den handelsrechtlichen Tatbeständen insofern eine weitere Aufweichung bemerkbar macht, als die die Fiktion festschreibenden Normen teilweise nicht mehr lediglich auf den Kaufmann im strengen Sinne des HGB angewendet werden, sondern bereits auf solche am Handels- und Geschäftsverkehr Teilnehmende ausgedehnt werden, die sich wie ein Kaufmann gerieren und deshalb so be-

---

364) Bydlinski aaO S. 73; vgl. auch von Tuhr aaO Bd. II 1 S. 423

handeln lassen müssen. Damit wird die Grenze zum bürgerlichen Recht doch zumindest zum Teil verwischt.

In diesen Fällen wird somit das Schweigen als ausdrückliche Genehmigung behandelt. Daneben treten noch die auf den ersten Blick davon nicht zu unterscheidenden Konstellationen, in denen tatsächlich auf ein Gestaltungsrecht durch das Schweigen verzichtet wird; diese angebliche Fiktionswirkung findet sich in den §§ 377, 378 etc. HGB. Tatsächlich liegt hier aber ein zu jeder Zeit wirksamer Vertrag vor, dem aber auf Seiten des einen Vertragspartners ein Gestaltungsrecht gegenübersteht[365]. Damit bedarf es gerade in solchen Fällen keiner weiteren Erklärung; die Bewertung des Schweigens ist kein rechtserhebliches Erfordernis. Diese Form der Vertragskonstellation entspricht damit dem typischen englischen und schottischen Vertragsrecht: wer sich in bezug auf einen ihm zustehenden Anspruch schweigend verhält, gibt keine Erklärung ab; Rechtsfolge ist die irgendwann eintretende Verwirkung des Anspruchs. Diesen inhaltlichen Unterschieden entsprechend konnte der in der deutschen Literatur entstandene Streit, inwieweit auf fingierte Willenserklärungen die Vorschriften über ausdrückliche Erklärungen Anwendung finden können, in der anglo-schottischen Literatur und Rechtsprechung nie auftauchen.

Vor allem zeigt ein Vergleich der Rechtsordnungen und das Ergebnis, daß eine Rechtsordnung ohne derartige konstruktive Fiktionen von Erklärungen auskommt, daß

---

365) Hier liegt tatsächlich nicht einmal die Fiktion einer Willenserklärung vor. So schon Bydlinski aaO S. 73

die oftmals beschworene Rechtssicherheit als Rechtfertigungsgrund für derartige Fiktionen nicht unbedingt überzeugend ist[366]. Vielmehr ist es gerade die vom Gesetzgeber durch die Konstruktion der Normen hervorgerufene Unsicherheit und Unklarheit hinsichtlich der Vertragsbeziehungen der Parteien, die in einem weiteren Schritt nach dem Entstehen einer rechtlichen Beziehung einer Antwort bedürfen.

Genaugenommen unerwartet ist die Bewertung des Schweigens als Fiktion in den Fällen der §§ 416, 516 II BGB; § 362 HGB: erst durch die derartige Behandlung des untätigen Verhaltens kommt hier ein Vertrag zustande; ansonsten bliebe es lediglich bei einem Angebot. In diesem Fragenkomplex geht es somit eigentlich nicht um die Beseitigung eines rechtlichen Schwebezustandes, allenfalls könnte man insoweit von einem dermaßen unerwünschten wirtschaftlichen Schwebezustand sprechen, daß das bereits oben angesprochene allgemeine Prinzip, daß niemandem ein Vertrag dadurch aufgezwungen werden soll, daß sein Schweigen als Annahme gilt, hier durchbrochen wird. Insgesamt läßt sich bezüglich der Fiktionen als Ergebnis festhalten, daß sie das deutsche Recht nicht nur als Medium für eine Beseitigung eines vertraglichen Schwebezustandes bemüht, sondern auch, um erstmals - und dann sogleich wirksam - eine vertragliche Beziehung zu schaffen. Daß die zuletzt genannte Behandlung angesichts der übrigen Fiktionstatbestände nicht zur rechtlichen Klarheit und Übersichtlichkeit für den Bürger hinsichtlich seines Verhaltens führt, ist demzufolge nicht von der Hand zu weisen.

---

366) So mit anderem Hintergrund auch Bydlinski aaO S. 75 mit Hinweis auf Manigk aaO S. 111 und 2o1

F. Das Schweigen als Mittel der Einbeziehung von Vertragsklauseln und - bestandteilen

I. Die rechtliche Funktion der Doktrin der "implied terms" im anglo-schottischen Recht

1. Einführung in die Fragestellung

Will man dem Phänomen der rechtlichen Wirkung des Schweigens im Vertragsverhältnis im System des "common law" nachgehen, so ist eine nähere Auseinandersetzung mit dem Begriff des "implied terms"[367] unvermeidlich. Der Begriff erfaßt mehrere Problemfelder, die oftmals auf den ersten Blick nicht einfach voneinander zu unterscheiden sind, deren Systematik zunächst sogar irreführend erscheinen könnte[368]. Dies liegt unter anderm daran, daß die Grenzen zwischen diesen Problemkreisen fließend sind.

Die Frage nach der Bedeutung und Funktion der "implied terms" stellt sich im englischen/schottischen Vertragsrecht und den dazu ergangenen Entscheidungen recht häufig. Vornehmlich handelt es sich um Fälle, in denen die Parteien den Vertrag nur in groben Umrissen ausgehandelt haben, d.h. nur die ihnen wesentlichen

---

367) Übersetzt bedeutet der Begriff "stillschweigend eingeschlossene Bedingungen". Es erscheint aber sinnvoll, es an dieser Stelle wegen der Bedeutungsvielfalt bei dem englischen Ausdruck zu belassen.

368) Halsbury-Lawson-Macleod-Rogers aaO vol. 9 para 351; siehe auch Chitty-Guest aaO para 841 ff.

Merkmale wurden konkret zum Vertragsgegenstand gemacht. Andere, nicht so wichtige oder nicht so offensichtliche Fragen bezüglich des Verhandlungsobjekts wurden bewußt oder unbewußt nicht mitverhandelt, stehen also auch nicht ausdrücklich im Vertragstext bzw. wurden beim mündlich geschlossenen Vertrag nicht ausdrücklich erwähnt. Geradezu klassische Situationen stellen hier nicht festgelegte Kosten für Waren oder Dienstleistungen, Sorgfaltspflichten, Qualitätsstandards etc. dar. Beide Parteien übergehen diese Punkte stillschweigend. Taucht dann in der Realität nach Abschluß des Vertrages oder während der Durchführung ein Problem auf, das gerade nicht zu den ausdrücklich geregelten gehört, so sind es regelmäßig die Gerichte, die dieses inhaltliche oder rechtliche Defizit ausgleichen sollen und müssen. Dabei kommt - neben der Möglichkeit, den Vertrag an diesem Fehlen scheitern zu lassen - vor allem die Anwendung der "implied terms"-Methode in Betracht.

2. Objektive "implied terms"

a) "Implied terms" als allgemein anerkannte Vertragsbestandteile"

Das "case law" läßt erkennen, daß es zum einen solche "implied terms" anerkennt, die allgemeingültige, d.h. regelmäßig vereinbarte Vertragsvoraussetzungen, die auf jeden Vertrag der fraglichen Art passen, zum Inhalt haben. Die Regelungsinhalte solcher "implied terms" bedürfen also gerade regelmäßig keiner ausdrücklichen Vereinbarung, da sie etwas Selbstverständliches beinhalten. Umgekehrt bedürfen sie wegen ihrer regelmäßigen

Einbeziehung einer ausdrücklichen Ausbedingung, wenn sie nicht Vertragsbestandteil werden sollen[369]. Der Grund für eine derartige stillschweigende Einbeziehung von vertragsgestaltenden Regeln liegt in der grundsätzlich vorausgesetzten Hypothese, diese seien vernünftig und sinnvoll[370]; sie machen gerade das Typische des Vertrages aus. Damit sind sie letztendlich Gegenstand allgemeiner rechtspolitischer Überlegungen.

Beispiele, in denen diese "implied terms" anerkannt sind, sind hier Kaufverträge (sale of goods)[371], Arbeitsverträge (employment), Mietverträge (landlord and tenant) und Transportverträge (carriage of goods by sea[372] or land) zu nennen. Von den Parteien offengelassene oder nur unzureichend genau bestimmte Fragen, die durch solche "implied terms" beantwortet werden mußten, betrafen Vergütungspflichten und Bewertungsmaßstäbe[373], die Dauer eines Vertrages[374], die

---

369) Lister v. Romford Ice and Cold Storage Co. Ltd. (1957) A.C. 555, 576, 579, 594; Shell U.K. Ltd. v. Lostock Garage Ltd. (1976) 1 W.L.R. 1187, 1196; (1977) 1 All E.R. 421; Liverpool City Council v. Irvin (1977) A.C. 239, 258; für Schottland: Cummings v. Charles Connell & Co. (Shipbuilders) (1968) S.C. 305

370) Halsbury-Lawson-Macleod-Rogers aaO vol. 9 para 352, 360 "... reasonableness is at the very foundation of the principle".

371) Hier sind insbesondere auch die ss. 14 und 15 des Sale of Goods Act (1979) zu nennen.

372) Carver aaO S. 680 Rdnr. 890 m.w.N.

373) Foley v. Classique Coaches Ltd. (1934) 2 K.B. 1, 10 C.A. "a term must be implied in the agreement that the petrol supplied ... should be of reasonable quality and sold at a reasonable price".; Edmonds & Co. Ltd. v. Fagin (1939) 3 All E.R. 974; British Bank for Foreign Trade Ltd. v. Novinex

angemessene Zeit, innerhalb derer ein vertraglich gewährtes Recht geltend gemacht werden mußte[375], die Kriterien einer kunst- und sachgerechten Durchführung einer vertraglichen Verpflichtung[376].

b) "The Moorcock"-Principle

Neben diese eher ergänzend zu nennenden Funktion der "implied terms" sind solche Bedingungen als Vertragsbestandteil angesehen worden, die dem Vertrag erst wirtschaftlichen Sinn bzw. wirtschaftliche Wirksamkeit verschaffen.

Dieser Einbeziehungsgrund wurde erstmals in dem Rechtsstreit "The Moorcock" angewandt. Hier heißt es[377]:

> "Now, an implied warranty, or, as it is called, a covenant in law, as distinguished from an express contract or express warranty, really

---

373) (Fortsetzung)
(1949) 1 K.B. 623; Talbot v. Talbot (1968) Ch. 1; Powell v. Brain (1954) 1 W.L.R. 401 C.A.; s. auch Sale of Goods Act (1979), s. 8

374) (Fortsetzung)
Sweet and Maxwell Ltd. v. Universal News Services Ltd. (1964) 2 Q.B. 699

375) Charnock v. Liverpool Corporation (1968) 1 W.L.R. 1498 C.A.

376) Adams v. Richardson and Starling Ltd. (1969) 1 W.L.R. 1645 C.A.; Selangor United Rubber Estates Ltd. v. Cradock (1968) 1 W.L.R. 1555, 1594, 1609; Schioler v. Westminster Bank Ltd. (1970) 2 Q.B. 719; Krak Rubber Co. Ltd. v. Burden (No. 2) (1972) 1 W.L.R. 602

377) The Moorcock (1889) 14 P.D. 64, 68; vgl. auch Triebel aaO S. 40 ff.

> is in all cases founded on the presumed intention of the parties, and upon reason. The implication which the law draws from what must obviously have been the intention of the parties, the law draws with the object of giving efficacy to the transaction and preventing such a failure of consideration as cannot have been within the contemplation of either side; and I believe that if one were to take all the cases, and there are many, of implied warranties or covenants in law, it will be found that in all of them the law is raising an implication from the presumed intention of the parties with the object of giving to the transaction such efficacy as both parties must have intended that at all such events it should have. ... In business transactions ... what the law desires to effect by the implication is to give such business efficacy to the transaction as must have been intended at all events by both parties who are business men. ..."

Entscheidend bei dem Zitat ist der letzte Halbsatz des letzten Satzes, wonach das Recht von dem vermuteten Willen der Parteien im Hinblick auf den Vertragsgegenstand solche Bedingungen/Voraussetzungen mit einbezieht, die zur Wirksamkeit und für den Sinn und Zweck, wie sie den Parteien in jedem Fall vorgeschwebt hätte, notwendig sind. Aus der Passage wird auch deutlich, daß die Einbeziehung der "implied terms" nicht nur sinnvoll und vernünftig im Sinne des Geschäfts sein darf, sondern sie muß vielmehr absolut notwendig sein, damit der Vertrag überhaupt einen Sinn behält[378]. Dieses Prinzip im Hinblick auf die "implied terms" wurde in nachfolgenden Entscheidungen aufrechterhalten und ist heute allgemeine Grundlage im Ver-

---

378) Dies wurde in dem Fall Hamlyn v. Wood (1891) 2 Q.B. 488, 491 von Lord Esher, M.R. ausdrücklich unter Bezugnahme auf das "Moorcock-Prinzip" entschieden.

tragsrecht[379]. So heißt es an anderer Stelle in dem Zusammenhang[380].

> The court does not make a contract for the parties. The court will not even improve the contract which the parties have made for themselves, however desirable the improvement might be. The court's function is to interpret and apply the contract which the parties have made themselves. If the express terms are perfectly clear and free from ambiguity, there is no choice to be made between different possible meanings: the clear terms must be applied even if the court thinks some other terms would have been more suitable. An unexpressed term can be implied if and only if the court finds that the parties must have intended that term to form part of their contract: it is not enough for the court to find that such a term would have been adopted by the parties as reasonable men if it had been suggested to them: it must have been a term that went without saying, a term necessary to give business efficacy to the contract, a term which, though tacit, formed part of the contract which the parties made for themselves.

Beispielsweise wurde daher als miteinbezogen angesehen, daß ein Vertrag über die Benutzung einer Werft beinhaltete, daß diese für das Festmachen eines Schiffes sicher und geeignet sei[381]. In einem Vertrag über das Verlegen von Teppichboden wurde als stillschweigend mit vereinbart angesehen, daß dieses fachgerecht zu geschehen habe (in a workmanlike manner)[382]. In

---

379) Vgl. Carver aaO S. 685 Rdnr. 897; Halsbury-Lawson-Macleod-Rogers aaO Vol. 9 para 355, 358

380) Trollope and Colls Ltd. v. North West Metropolitan Regional Hospital Board (1973) 2 All E.R. 260, at p. 267 f. per Lord Pearson

381) The Moorcock (1889) 14 P.D. 64, 68

382) Kimber v. Willett (W.) Ltd. (1947) K.B. 570

einem Vertrag über die Herstellung von Druckplatten für Banknoten sollen die Parteien sich stillschweigend darüber geeinigt haben, daß diese nicht in die Hände von Unbefugten geraten sollten[383]. Bei einer durch Kostenvoranschlag auf ₤ 1oo geschätzten Reparatur eines Fahrzeuges, das für 350 ₤ verkauft werden sollte, galt als Klausel in den Vertrag mit einbezogen, daß die Notwendigkeit, eine teurere Reparatur vorzunehmen, den Vertragspartner von seiner Verpflichtung zur Instandsetzung entband[384].

Abgesehen von der Vertragsergänzung und -auslegung durch diese ungeschriebenen "implied terms" sind in das "statutory law" Englands und Schottlands an zahlreichen Stellen nunmehr ebenfalls Klauseln und Regelungen eingeführt worden, die zum Vertragsinhalt immer dann werden, wenn die Parteien nichts anderes vereinbart haben; mit anderen Worten können die Vertragsschließenden ausdrücklich etwas anderes zum Vertragsinhalt machen[385]. Sie sind somit abdingbar. Erwähnens-

---

383) Banco de Portugal v. Waterlow & Sons Ltd. (1932) A.C. 452

384) Cennon v. Miles (1974) 2 Lloyd's Rep. 129 C.A.; diese Liste ließe sich noch unbegrenzt fortsetzen; exemplarisch soll aber noch auf folgende Entscheidungen hingewiesen werden: Robb v. Green (1855) 2 Q.B. 315 (Treuepflichten des Arbeitnehmers gegenüber seinem Arbeitgeber); A. Hamson & Son (London) Ltd. v. S. Martin Johnson & Co. Ltd. (1953) 1 Lloyd's Rep. 553 (betrifft die Pflicht zur sorgfältigen Verstauung bei einem Transportvertrag); weitere Fundstellen bei Halsbury-Lawson-Macleod-Rogers aaO Vol. 9 para 358

385) Vgl. Halsbury-Lawson-Macleod-Rogers aaO Vol. 9 para 354 und Sale of Goods Act (1979), s. 55

wert seien beispielhaft insbesondere die ss. 12-15 des Sale of Goods Act 1979[386] und die ss. 8-11 des Supply of Goods (Implied Terms) Act 1973[387], die die Komplexe Kaufsache frei von Rechten Dritter[388], Tauglichkeit für den Ge- oder Verbrauch[389], zugesicherte Eigenschaften und Übereinstimmung mit einer Probe[390] bei Bar- und Abzahlungskauf betreffen. Diese Vorschriften wurden dann im Wege der Analogie auf Verträge, die die Herstellung eines Werkes zum Inhalt haben, übertragen[391].

c) Methodik der "implied terms" und Analyse

Ein Vergleich der von den allgemein anerkannten "implied terms" geregelten Fälle mit denen unter dem "Moorcock"-Prinzip ergänzten Fälle läßt deutlich erkennen, daß es sich nicht um eine starre

---

386) Zur Anwendbarkeit in Schottland vgl. Gloag/Henderson aaO S. 184 ff., ch. XVII 20

387) Zur Anwendbarkeit in Schottland vgl. Gloag/Henderson aaO S. 204, ch. XVII 51

388) Sale of Goods Act (1979), s. 12; Supply of Goods (Implied Terms) Act (1973), s. 8

389) Sale of Goods Act (1979), s. 14, 15; Supply of Goods (Implied Terms) Act (1973), s. 10

390) Sale of Goods Act (1979), s. 13, 15; Supply of Goods (Implied Terms) Act (1973), s. 9, 11

391) Samuels v. Davis (1943) K.B. 526, 527 f. per Lord Scott, L.J.; Myers, G.H. & Co. v. Brent Cross Service Co. (1934) 1 K.B. 46, 50 per du Parcq, J.; Ingham v. Emes (1955) 2 Q.B. 366; weitere Nachweise bei Chitty-Guest aaO para 864

Fallgruppenbildung handelt, sondern vielmehr einen fließenden Übergang zwischen den Fällen gibt. So finden sich beispielsweise in Urteilen, die der ersten Gruppe zugeordnet werden, Bezugnahmen auf den Moorcock-Fall[392]. Beiden Fallgruppen ist jedoch gemeinsam, daß sie je nach Regelungsbedarf einen mehr ergänzenden oder mehr auslegenden Charakter annehmen. Gleichwohl kommt weder der eine noch der andere Aspekt zum Tragen, wenn die Parteien den Inhalt ihrer rechtlichen Beziehungen hinreichend exakt und unzweideutig gestaltet haben. Damit bleibt letztendlich die Frage offen, wie die Gerichte im konkreten Fall die "implied terms"-Methode anwenden: Die Einbeziehung von "implied terms" ist für das Gericht grundsätzlich eine Rechtsfrage und keine Tatsachenfrage (a matter of law)[393]. Ob ein Vertrag einer Ergänzung durch "implied terms" bedarf und welchen Inhalt sie haben, bemißt sich nach den tatsächlichen oder hypothetischen Absichten und Willen der Vertragsparteien ("terms which the parties probably had in mind, but did not express" und "terms which the parties, whether or not they actually had them in mind, would probably have expressed if the question had been brought to their attention")[394]. Diese willensbezogenenen Elemente sollen sich in erster Linie aus dem Wortlaut

---

392) Vgl. z.B. Foley v. Clasique Coaches Ltd. (1934) 2 K.B. 1, at p. 5 per Lord Hewart, C.J.

393) Re Comptoir Commercial Anversois v. Power, Son & Co. (1920) 1 K.B. 868 at p. 898 f., C.A. per Scrutton, L.J.; O'Brien v. Associated Fire Alarms Ltd. (1968) 1 W.L.R. 1916, 1923 C.A.; vgl. auch Chitty-Guest aaO para 842

394) Halsbury-Lawson-Macleod-Rogers aaO Vol. 9 para 355; Chitty-Guest aaO para 842

des konkreten Vertrages sowie den diesen umgebenden besonderen Umständen herleiten lassen. Daneben sollen die Gerichte die "implied terms"-Technik dann anwenden, wenn aufgrund der "fairness" oder der "public policy" es notwendig oder wünschenswert erscheint, eine Regelungslücke im Vertrag zu schließen[395]. Nicht zur Anwendung darf die Methode dann kommen, wenn sich aus dem Vertrag ausdrücklich etwas anderes ergibt oder sich aus dem Sinn des Vertrages eine Kollision ergeben würde[396]. Wenngleich also scheinbar in dieser Gruppe das entscheidende Kriterium für die "implied terms" der Wille bzw. die Absichten der Parteien sind, so läßt doch eine nähere Betrachtung einen für den Kontinentaljuristen wichtigeren Aspekt in den Vordergrund treten: ein weiterer Schlüsselbegriff liegt in der "reasonableness" und den "reasonable implied terms", also der stillschweigend einbezogene Vertragsbestandteil muß vernünftig, sachgerecht, angemessen, billig und annehmbar im wohlverstandenen objektiven Interesse der Parteien sein. Insofern wird vermutet, daß die Vertragsparteien eben nur solche Vertragsbedingungen eingeschlossen hätten, die diese Qualitäten haben. Andernfalls wäre eine entgegenstehende Meinung in einer expliziten Formel zum Ausdruck gebracht worden.

Folglich stellt das Abheben auf den Parteiwillen lediglich den Grund für die Möglichkeit der Anwendung der "implied terms"-Methode dar - quasi die innere Rechtfertigung[397] oder den Anlaß; demgegenüber stellt

395) Halsbury-Lawson-Macleod-Rogers aaO Vol. 9 para 351

396) Vgl. Carver aaO S. 680 Rdnr. 890

397) Die äußere Rechtfertigung stellt die Regelungslücke im Vertrag dar.

die "reasonableness" das Wesentliche dieser Doktrin dar. Diese Anknüpfung ist deshalb geradezu erforderlich, weil das anglo-schottische Vertragsrecht wesentlich von der Freiheitskomponente der Vertragsparteien geprägt ist (freedom of contract), in die Dritte, insbesondere der Staat nicht eingreift. So stellt Guest[398] ebenfalls fest, daß die Anknüpfung an den hypothetischen Parteiwillen in vielen Fällen der Anwendung von "implied terms" künstlich wirkt. Jede Lücke im Vertragswerk kann vom Gericht unter Hinweis auf den Parteiwillen geschlossen werden, und zwar mit einer objektiven, keine Partei benachteiligenden Regelung. Damit können sich die Parteien darauf beschränken, das für sie Wesentliche ausdrücklich mündlich oder schriftlich zu bestimmen[399].

3. Rechtsvergleichende Aspekte

Vergegenwärtigt man sich, wie weit mit dieser Doktrin die anglo-schottischen Gerichte auf ein infrage stehendes Vertragsverhältnis einwirken können und was regelmäßig als Inhalt der "implied terms" angenommen wird, so liegt es nahe, eine Parallele zu den dispositiven Regeln des deutschen Zivilrechts zu ziehen. Hier wie dort hat der Inhaber einer rechtlichen Gestaltungsbefugnis von dieser keinen oder nur ungenügenden Gebrauch gemacht, so daß eine schließungsbedürftige Lücke entsteht. Ebenfalls ist es in den untersuchten Rechtsordnungen nicht damit getan, wegen

---

398) Chitty-Guest aaO para 842

399) "the law will supply details to clothe the bare bones of this agreement". Halsbury-Lawson-Macleod-Rogers aaO Vol. 9 para 352, footnote 2

dieses Regelungsdefizits das vorhandene Rechtsverhältnis zwischen den Parteien zu beenden. Die vielmehr erforderte Ordnungsfunktion übernimmt die vom deutschen Gesetzgeber geschaffene Ersatz-Entscheidung in Form der Dispositivnormen[400]. Der Vergleich drängt sich umso mehr auf, wenn man die Definitionen und Abgrenzungskriterien zu zwingenden Normen in der Literatur betrachtet und dies mit dem Zweck der "implied terms" in Beziehung setzt. Stellvertretend soll hier nur Larenz wörtlich zitiert werden:

> "Die Parteien eines Schuldvertrages können zwar regelmäßig alle mit der Durchführung des Vertrages zusammenhängenden Fragen durch Vereinbarung selbst regeln. Meistens regeln sie nur das Nächstliegende. Erfordert die Durchführung des Vertrages eine zusätzliche Regelung oder treten Umstände ein, die sich der Durchführung entgegenstellen, so fragt es sich, was nunmehr rechtens sei. Das Gesetz hält für derartige Fälle eine die vertragliche Vereinbarung ergänzende Regelung bereit, die nur insoweit zur Anwendung kommt, als die Parteien selbst keine andere Regelung getroffen haben. Weil solche ergänzenden Normen hinter eine etwas anderes besagende Parteivereinbarung zurücktreten, bezeichnet man sie als nachgiebige, abdingbare oder, weil sie zur Disposition der Parteien stehen, als dispositive Normen[401]. ... Obwohl die dispositiven Vorschriften nur dann zur Anwendung kommen, wenn die Parteien nichts anderes vereinbart haben, ist ihre Bedeutung doch nicht etwa gering. Denn die Parteien unterlassen sehr oft eine nähere Regelung, weil es vor allem bei den üblichen und häufigen Geschäften des täglichen Lebens viel zu umständlich und zeitraubend wäre, eine solche jeweils zu vereinbaren, und weil sie darauf vertrauen, daß das Gesetz eine gerechte Lösung bereit hält. ... Es gilt, wenn auch nur subsidiär, d.h. nach der ihm vorgehenden

---

400) Esser aaO S. 51

401) Larenz AT aaO S. 31

vertraglichen Regelung, nicht aufgrund des Parteiwillens, sondern "von Rechts wegen"402)".

Der Vergleich dieser Literatur-Passage mit der anglo-schottischen Rechtslage führt demnach zu dem Ergebnis, daß dieses Rechtssystem durchaus in der Lage ist, durch Schweigen bzw. Untätigsein der Parteien hervorgerufene inhaltliche Defizite in Verträgen auszugleichen bzw. sachgerecht auszufüllen, ohne daß es umfassender gesetzlicher Regelungen, wie sie das deutsche Zivilrecht vorsieht, bedarf. Die Funktion der dispositiven Regelungen wird im anglo-schottischen Recht von der Hypothese ersetzt, daß ein Vertrag eben nicht nur aus ausdrücklichen Vereinbarungen besteht, sondern daß ihm darüber hinaus auch stillschweigend einbezogene, inhaltlich vorausgesetzte Bedingungen und Kautelen innewohnen.

Wie umfangreich demgegenüber explizite gesetzliche Vorschriften ausfallen können und müssen bzw. welche Anzahl diese angesichts der zahlreichen Möglichkeiten des Vertragstypus haben, zeigt allein die Frage, was mit einem gegenseitigen Vertrag geschehen soll, bei dem eine geldwerte Vergütung regelmäßig die Gegenleistung für die Leistung darstellt, sie aber nicht vereinbart wurde. Hier hat der deutsche Gesetzgeber festgelegt, daß bei folgenden Vertragstypen eine angemessene und/oder übliche Vergütung gezahlt werden muß:

---

402) Larenz AT aaO S. 32; vgl. zum ganzen auch Schwab aaO S. 27 f. Rdnr. 45 ff.; Brox aaO S. 22 Rdnr. 35; von Tuhr Bd. I 1 aaO S. 25 ff., insbesondere auch Fußnote 104; Flume-Personengesellschaft aaO S. 171

a) die Dienst- und Arbeitsverhältnisse sowie Geschäftsbesorgungsverträge (§§ 612 I, 675 BGB),

b) die Werkverträge (§ 632 I BGB)[403],

c) die Maklerverträge (§ 653 I BGB)[404],

d) die Verwahrungsverträge (§ 689 BGB),

e) die Vergütungsansprüche der Handlungsgehilfen (§ 59 HGB, der insoweit eine handelsrechtliche Ergänzung des § 612 I BGB darstellt)[405],

f) die Provisionsansprüche von Handelsvertretern (§ 87 b HGB),

g) Geschäftsbesorgungen und Dienstleistungen, die im Rahmen eines Handelsgewerbes erbracht werden, ohne daß es auf das Erfordernis eines Vertrages ankommt[406] (§ 354 I HGB)[407],

h) Lagerverträge (§ 420 I HGB).

Allen Vertragsgestaltungen ist gemeinsam, daß die Vergütungspflicht kraft gesetzlicher Fiktion[408]

---

403) Motive II aaO S. 470 i.V.m. S. 459, wo von einer "großen praktischen Wichtigkeit, die erfahrungsgemäß der stillschweigenden Vergütung zukommt", als Begründung für diese Norm ausgegangen wird. OLG Karlsruhe BB 1971, 1385 (1386)

404) Vgl. BGH NJW 1965, 1226

405) Schlegelberger-Hefermehl-Schröder aaO § 59 Rdnr. 24

406) Baumbach-Duden-Hopt aaO § 354 Anm. 2 B; Schlegelberger-Hefermehl aaO § 354 Anm. 1

407) § 354 I HGB beruht auf dem gleichen Grundgedanken wie § 653 I BGB

408) Soergel-Siebert-Kraft aaO § 612 Rdnr. 1, 2; RGRK-Glanzmann aaO § 632 Rdnr. 5; Soergel-Siebert-Mühl aaO § 632 Rdnr. 2; Soergel-Siebert-Mormann aaO § 653 Rdnr. 1; Soergel-Siebert-Mühl

als vereinbart gilt. Es kommt dementsprechend nicht auf einen entgegenstehenden inneren Erklärungswillen der Parteien an, sondern lediglich auf die jeweils nach außen bekannt gewordenen, vertragsspezifischen Merkmale und Fakten[409)], die darauf schließen lassen, daß die Leistung nur gegen Vergütung erbracht werden sollte. Der auf Zahlung in Anspruch Genommene kann jedoch die Unentgeltlichkeit des Geschäfts dadurch nachweisen, daß er objektive Tatsachen vorbringt, die die gesetzlichen Voraussetzungen der Fiktion entkräften, insofern es sich um eine widerlegliche Vermutung handelt[410)].

Mit Hilfe des Wortlauts der Fiktion "gilt als vereinbart" schafft der Gesetzgeber jedoch ein Erscheinungsbild, wonach trotz des Fehlens einer ausdrücklichen Parteierklärung die Vergütung einer rechtsgeschäftlichen Verfügung zu unterfallen scheint[411)]. Hinter diesem dogmatischen Ansatz dürfte die Absicht des Gesetzgebers liegen, das rechtspolitisch Wünschenswerte, daß jeder Leistung eine gleichwertige Gegenleistung gegenüberstehen sollte, von den subjektiven Elementen, wie Wille, Absicht, Kenntnis etc. der Vertragsparteien bis zum Beweis des Gegenteils zu lösen und auf eine gleichsam objektive Ebene zu heben.

---

408) (Fortsetzung)

aaO § 689 Rdnr. 1; Erman-Seiler aaO § 689 Rdnr. 2; gegen die Annahme einer Fiktion an dieser Stelle spricht sich ohne nähere Begründung Staudinger-Reuter aaO § 689 Rdnr. 1 aus; Schlegelberger-Hefermehl aaO § 354 Rdnr. 1, der allerdings neben die gesetzliche Fiktion auch die Verkehrssitte als Begründung treten läßt.

409) Soergel-Siebert-Kraft aaO § 612 Rdnr. 4, 5; BAG AP Nr. 13 zu § 612; Palandt-Putzo aaO § 612 Anm. 2a; RGRK-Glanzmann aaO § 632 Rdnr. 6; Palandt-Thomas aaO § 632 Anm. 2; § 653 Anm. 2; § 689 Anm. 1 mit ausdrücklichem Hinweis auf §§ 612, 632

410) Vgl. Esser aaO S. 53; RGRK-Glanzmann aaO § 632 Rdnr. 2 f.; a.A. für § 612 Palandt-Putzo aaO § 612 Anm. 2b

411) Esser aaO S. 52

Um ein derartiges Ziel zu erreichen, hätte es gesetzestechnisch aber keiner Fiktion bedurft; vielmehr hätte die Rechtsfolge auch ohne Bezugnahme auf die scheinbare rechtsgeschäftliche Verfügung angeordnet werden können[412), daß die Vergütung von Gesetzes wegen zu zahlen sei. Eine so formulierte gesetzliche Anordnung hätte den Vorteil geboten, daß das stillschweigende Verhalten, das gegenwärtig in einer Vielzahl von Vorschriften auftaucht, keiner rechtlichen Bewertung bedurft hätte. Dadurch wäre die teilweise entstehende Unklarheit bezüglich der Frage, was eine Willenserklärung ist und ob das Schweigen einer Partei darunter fallen kann, vermeidbar gewesen. Insofern hat das anglo-schottische Recht mit seiner Anknüpfung an den mutmaßlichen Willen der Vertragspartner tatsächlich einen stärker am klassischen Vertragsschluß orientierten Ansatz gewählt[413), so daß sich die Methode der Einbeziehung der "implied terms" nahtloser, geschmeidiger in das allgemeine Vertragsrecht einfügt.

II. "Implied terms" im Handelsverkehr, insbesondere hinsichtlich allgemeiner Geschäftsbedingungen

1. Das Vorliegen von "implied terms" aufgrund eines "course of dealing"

a) Einführung

Eine weitere Kategorie, in der der Begriff der "implied terms" eine große Bedeutung erfahren hat, umfaßt die Fälle, in denen es um Vertragsbedingungen geht, deren Einbeziehung

---

412) Esser aaO S.52

413) Vgl. Chitty-Guest aaO para 842

deswegen stärker auf dem Willen eines Vertragspartners zu basieren scheint, weil sich zwischen ihm und der anderen Partei eine gewisse Übung, Sitte oder Brauch im Hinblick auf diese Klausel feststellen läßt. In dieser Gruppe geht es also nicht unbedingt um solche Bedingungen, ohne die ansonsten der Vertrag keinen wirtschaftlichen Sinn haben könnte, sondern allein um solche Bedingungen, insbesondere auch Klauseln in allgemeinen Geschäftsbedingungen, die eine der Parteien zur Erreichung eines ihr sinnvoll scheinenden wirtschaftlichen Zwecks erst nach Vertragsschluß wünscht. Ein solches Begehren wird bei aufeinanderfolgenden Geschäftsabschlüssen aber nicht immer erneut zum Ausdruck gebracht, sondern wird aus den Umständen und den vorherigen, bei ähnlichen Vertragsabschlüssen im Rahmen einer laufenden Geschäftsbeziehung (course of dealing) angenommenen Bedingungen abgeleitet.

Das von den englischen und schottischen Gerichten zu überwindende dogmatische Problem war, wie angesichts eines recht rigiden und formalen Vertragsrechts derartige nicht mehr ausdrücklich einbezogenen Standardbedingungen gleichwohl zum Bestandteil des Vertrages erklärt werden konnten[414].

Die Einbeziehung von allgemeinen Geschäftsbedingungen wirft dann keine Probleme auf, wenn diese von den Vertragsparteien unterschrieben worden sind, unabhängig davon, ob der Empfänger den Inhalt zur Kenntnis genommen hat. Dies entspricht dem Grundsatz "caveat subscriptor" [415].

---

414) White v. Blackmore (1972) 3 All E.R. 158, 167 per Lord Denning: "...the court must be satisfied that the particular document relied on as containing notice of the excluding or limiting term is in truth an integral part of the contract".

Sind demgegenüber die allgemeinen Geschäftsbedingungen nicht Bestandteil des unterschriebenen Dokuments, so kann nur dann von einer wirksamen Einbeziehung ausgegangen werden, wenn der anderen Partei diese in irgendeiner Form bekanntgegeben wurde (notice)[416]. Dieser Grundsatz gilt nicht nur im Vertragsrecht zwischen Privaten, sondern auch zwischen auf gewerblicher Ebene handelnden Vertragspartnern.

Schwieriger gestaltet sich demgegenüber die Erfassung der Fälle, in denen es an solch ausdrücklicher, einverständlicher Einbeziehung fehlt[417], so daß es diesbezüglich einer einzelfallbezogenen Betrachtung der einschlägigen Entscheidungen bedarf.

In Bewegung gesetzt wurde das Problembewußtsein in dem Zusammenhang wohl durch den schottischen Fall McCutcheon v. David MacBrayne Ltd., der letztendlich vom House of Lords entschieden wurde[418]; hier

---

415) (Fortsetzung)

Vgl. den "leading case" L'Estrange v. Graucob Ltd. (1934) 2 K.B. 394 - s. auch Thieme/Mitscherlich aaO S. 175; Otto aaO S. 36 m.w.N. auf die deutsche und englische Literatur und Rechtsprechung

416) Vgl. zur rechtsgeschäftlichen Entwicklung dieser Problematik, insbesondere in Fällen von Hinweisen auf allgemeine Geschäftsbedingungen auf Eintrittskarten, Fahrkarten, Reinigungszettel etc. (sog. ticket-cases) im einzelnen Thieme/Mitscherlich aaO, S. 176 ff. m.w.N.; Wilson aaO S. 37; vgl. für Schottland z.B.: Wood v. Burns (1893) 20 R 602; Caird v. Adams (1907) 15 S.L.T. 543; White v. Blackmore (1972) 3 All E.R. 158

417) Vgl. Otto aaO S. 40, der der Auffassung ist, daß die Grundsätze zum "course of dealing" noch nicht verfestigt sind.

418) McCutcheon v. David MacBrayne (1964) 1 W.L.R. 125

ging es um eine Schiffspassage, die der Kläger für sich und sein Fahrzeug bei der beklagten Reederei telefonisch buchen ließ. Auf der Reise sank das Schiff mit dem Fahrzeug, dessen Wert der Kläger gerichtlich einforderte. Die Beklagte berief sich auf ihre Allgemeinen Geschäftsbedingungen, die sie in ihrem Büro aushängen hatte. Außerdem hatten die Fahrgäste regelmäßig eine die Bedingungen enthaltene "risk note" zu unterzeichnen. Dies hatte auch der Kläger bei verschiedenen vorherigen Fahrten getan. Im konkreten Fall unterblieb dies, da der Vertrag nur mündlich geschlossen worden war.

Der Klage wurde stattgegeben, weil "neither he (Kläger) nor Mr. MacSporrab (Angestellter des Klägers) had read the words of the notice or on the receipt, and there was no contractual document at all". Gleichzeitig - und das dürfte das eigentliche Schwergewicht der Begründung sein - kann man aber auch dieser Entscheidung entnehmen, daß aufgrund der unterschiedlichen Modalitäten des Vertragsschlusses keine dauernde Geschäftsbeziehung bestand (no consistent course of dealing)[419].

b) Eastman Chemical International A.G. v. N.M.T. Trading Ltd. and Eagle Transport Ltd.

Der nächste diesen Problemkreis betreffende Fall Eastman Chemical International A.G. v. N.M.T.

---

419) Treitel aaO S.171

Trading Ltd. and Eagle Transport Ltd.[420] warf die Frage auf, ob sich die Erstbeklagte auf einen Haftungsausschluß in Allgemeinen Geschäftsbedingungen einer Tochterfirma berufen konnte, obwohl hinsichtlich des zur Entscheidung stehenden Falles auf diese weder vor noch nach Vertragsschluß Bezug genommen worden war. Vielmehr hatte lediglich die Tochterfirma der Erstbeklagten bei vorangegangenen Geschäften zwischen März 1965 und Juni 1966 die Klägerin auf ihre Allgemeinen Geschäftsbedingungen hingewiesen. Im vorliegenden Fall hatte die Erstbeklagte nach Vertragsschluß mit der Klägerin diese Tochterfirma mit der Durchführung des Geschäfts beauftragt.

In der zugunsten einer Einbeziehung der Allgemeinen Geschäftsbedingungen sich aussprechenden Urteilsbegründung stellte dann das Gericht auf das Vorliegen eines "course of dealing" ab, weil die Zeitspanne von etwas über einem Jahr ein wesentlicher Zeitraum (substantial period of time) und der Klägerin bekannt gewesen sei, daß auf dem fraglichen Geschäftssektor[421] allgemeine Geschäftsbedingungen üblich

---

420) Eastman Chemical International A.G. v. N.M.T. Trading Ltd. and Eagle Transport Ltd. (1972) 2 Lloyd's Rep. 25 (32), wo es wörtlich heißt: "I (Tudor Evans, D.J.) think that the reality was that through this course of dealing the first defendants by their subsidiary were imposing the conditions of the Road Haulage Association. There is, of course, no evidence that the specific contract in question was subject to the conditions. That I find they were clearly applied because of the history of the dealing between the parties."

421) Es handelt sich um den Transport von Gütern zur Straße.

seien. Dementsprechend war es ausreichend, daß die Tochterfirma der Erstbeklagten bei zahlreichen vorangegangenen Geschäften ihre Allgemeinen Geschäftsbedingungen erklärt hatte. Folglich konnte sich die Erstbeklagte auch im vorliegenden Fall auf diese Bedingungen berufen. Bereits diese Entscheidung zeigt, wie weit die englische Rechtsprechung zu gehen bereit war, wenn eine wirtschaftlich orientierte Betrachtungsweise es erforderte.

c) The Raphael

Eine ähnliche Sachlage und damit die Bestätigung des obengenannten Falles weist die Entscheidung "The Raphael"[422] auf; die Klägerin beauftragte die Zweitbeklagte, die eine Tochterfirma der Erstbeklagten ist, mit der Durchführung von Reparaturarbeiten an einem Schiff. Eine lang andauernde Geschäftsbeziehung bestand zwischen der Klägerin und der Erstbeklagten, die zu einem späteren Zeitpunkt ihre Tochterfirma gründete. Die Geschäftsbeziehung stellte sich so dar, daß auf jeden telefonischen Auftrag seitens der Klägerin eine schriftliche Bestätigung, die auch die Allgemeinen Geschäftsbedingungen enthielt, übersandt wurde. Die Besonderheit am vorliegenden Fall lag darin, daß aufgrund eines Druckfehlers die Allgemeinen Geschäftsbedingungen auf den Rechnungen der Zweitbeklagten fehlten. Beide Beklagten haben identische Standardbedingungen. Nach einem Unfall versuchte die

---

422) The Raphael = Lampert & Holt Lines Ltd. v. Coubro & Scrutton (M&I) Ltd. and Coubro Scrutton (Riggers and Shipwrights) Ltd. (1981) 2 Lloyd's Rep. 659; Lawson aaO S. 13 bezeichnet diese Entscheidung als eine "unusual example of how terms can be incorporated through the course of dealing".

Zweitbeklagte, sich auf eine Haftungsausschlußklausel aus den identischen Bedingungen zu berufen, die sie jedoch bei dem infrage stehenden Vertrag wegen des Druckfehlers der Klägerin nicht übersandt hatte.

Die entscheidende Urteilspassage lautet, daß "it is perfectly plain that the conditions were incorporated. R & S's (die Zweitbeklagte) conditions were in fact exactly the same as the standard conditions which had been used for some years previously by their parent company, M & I (Erstbeklagte), with which Lamport & Holt (Klägerin) and other companies in the Blue Star Group had contracted for many years; ... Even so (i.e., that the conditions were not printed on R & S's invoices), there is no doubt that Lamport & Holt had ample notice that R & S contracted on the terms of these conditions... By September 1975, when the contract in question was made, there had already been numerous transactions between Lamport & Holt with R & S, when acknowledgements of order had been sent out to Lamport & Holt with R & S's standard conditions on the back".

d) British Crane Hire Corporation Ltd. v. Ipswich Plant Hire Ltd.

Auf den ersten Blick in direkter Linie in bezug auf die Urteisbegründung (ratio decidendi) zu der Entscheidung Eastman Chemical International A.G. v. N.M.T. Trading Ltd. and Eagle Transport Ltd.[423)]

423) Eastmann Chemical International A.G. v. N.M.T. Trading Ltd. and Eagle Transport Ltd. (1972) 2 Lloyd's Rep. 25

steht der Fall British Crane Hire v. Ipswich Plant Hire[424]; hier ging es um einen telefonisch abgeschlossenen Mietvertrag von schwerem Baugerät, das auch sofort geliefert wurde. Bevor die Allgemeinen Geschäftsbedingungen, über die am Telefon nicht gesprochen worden war, der Beklagten zugingen und unterschrieben werden konnten, kam es zu einem Schaden an einer Maschine, den die Klägerin unter Berufung auf ihre allgemeinen Geschäftsbedingungen von der Beklagten zu liquidieren versucht. Diese Allgemeinen Geschäftsbedingungen waren bei nur zwei vorherigen Geschäften mit der Beklagten Grundlage des Vertrages gewesen.

Die klagestattgebende Urteilsbegründung ist deshalb von Bedeutung, weil hier im Gegensatz zu in anderen Entscheidungen oftmals zu vermissender Deutlichkeit auf die Abgrenzung des Begriffes des "course of dealing" und des der Einbeziehung aufgrund des "common understandings" eingegangen wird. Diese Bedeutung wird dadurch noch gesteigert, daß die frühere Entscheidung Hollier v. Rambler Motors (A.M.C.) Ltd.[425] mit erörtert wird. Da es sich bei der letzten Entscheidung um eine Klage eines Privatmannes gegen ein Unternehmen handelte (Autobesitzer gegen Reparaturwerkstatt), wurde hier ein "course of dealing" aufgrund von drei-bis viermaliger Beauftragung in fünf Jahren verneint[426].

---

424) British Crane Hire Corporation Ltd. v. Ipswich Plant Hire Ltd. (1975) 1 Q.B. 303

425) Hollier v. Rambler Motors (A.M.C.) Ltd. (1972) 2 Q.B. 71

426) Hollier v. Rambler Motors (A.M.C.) Ltd. (1972) 2 Q.B. 71; vgl. auch Chorley/Giles aaO S. 12

Unter Bezugnahme auf diese Entscheidung heißt es dagegen in der Entscheidung British Crane Hire v. Ipswich Plant Hire[427]: "That was the case of a private individual who had had his car repaired by the defendants and had signed forms with conditions on three or four occasions. The plaintiff there was not of equal bargaining power with the garage company, which repaired the car. The conditions were not incorporated. But here the parties were both in the trade and were of equal bargaining power... both parties knew quite well that conditions were habitually imposed by the supplier of these machines: and both parties knew the substance of those conditions... In these circumstances, I think the conditions on the form should be regarded as incorporated into the contract. I would not put it so much on the course of dealing, but rather on the common understanding which is to be derived from the conduct of the parties, ... The business realities of the situation are plain. To hold that the plaintiff did take the risk impliedly would be unrealistic and obviously contrary to the mythical officious bystander's view".

Gerade die letzten Sätze gewinnen besondere Bedeutung: einerseits kann ihre Auslegung ergeben, daß ergänzend zu dem "course of dealing" das Merkmal des "common understanding" hinzutritt, andererseits schließt die Auslegung nicht aus, daß das Merkmal von "common understanding" das des "course of

427) British Crane Hire Corporation Ltd. v. Ipswich Plant Hire Ltd. (1975) 1 Q.B. 303; vgl. auch Chorley/Giles aaO S. 12

dealing" ersetzen kann. Die letzte Ansicht birgt für die englische Rechtsprechung insofern eine Gefahr in sich, als auch der Privatmann regelmäßig heute mit allgemeinen Geschäftsbedingungen rechnen dürfte, wenn er einen Vertrag abschließt[428]. Mit der Einführung des Begriffes vom "common understanding" als zusätzliches Merkmal beim "course of dealing" erleichtert diese Entscheidung die Einbeziehung von allgemeinen Geschäftsbedingungen erheblich. Das Merkmal des "common understanding", das wiederum mit der "equal bargaining power" im Zusammenhang steht, verringert die Anforderungen, die an das Vorliegen eines "course of dealing" bisher geknüpft werden.

e) George Mitchell (Chesterhall) Ltd. v. Finney Lock Seeds Ltd.

In dem 1983 veröffentlichten Rechtsstreit George Mitchell (Chesterhall) Ltd. v. Finney Lock Seeds Ltd.[429] ging es ebenfalls um eine Haftungsausschlußklausel, auf die sich die Beklagte berufen wollte, obwohl in dem mündlich geschlossenen Vertrag weder darauf hingewiesen noch diese bekanntgegeben wurde. Dies geschah erst mit Übersendung der Rechnung. Wiederum war Ausgangsfrage, ob die Klausel zwischen den Parteien wirksam vereinbart worden war, d.h. ob sie Bestandteil des Vertrages geworden war.

---

428) Vgl. zu dieser Kritik auch Lawson aaO S. 14 f. Im Sinne einer Trennung wohl Chalmers' aaO S. 15. Insoweit wird abzuwarten sein, ob die englische Rechtsprechung mit einem späteren Fall zu dieser Auslegungsfrage Stellung nimmt.

429) George Mitchell (Chesterhall) Ltd. v. Finney Lock Seeds Ltd. (1983) 1 All E.R. 108, 112: "The clause limiting liability formed part of the contract since it was a common trade term which had been used in earlier transactions and the plaintiffs were aware of its existence".

Interessanterweise vertiefte das Gericht diesen Punkt nicht; es verwandte nicht einmal mehr den Begriff des "course of dealing". Vielmehr stellte es darauf ab, daß die fragliche Klausel seit langem von dem Geschäftszweig der Parteien verwendet wurde und die Rechnung dementsprechend nicht außergewöhnlich gewesen sei. Dies alles habe die Klägerin aufgrund der vorhergehenden Geschäfte mit der Beklagten gewußt, so daß die Klausel Vertragsbestandteil geworden sei.

f) McCrone v. Boots Farm Sales Ltd.

Der jüngste schottische, vom Court of Session entschiedene Fall zu dem Themenkomplex der stillschweigenden Einbeziehung von allgemeinen Geschäftsbedingungen ist der Rechtsstreit McCrone v. Boots Farm Sales Ltd.[430], in dem es um eine angeblich zugesicherte Eigenschaft eines Unkrautvernichtungsmittels durch die Beklagte ging. Diese verteidigte sich mit der Behauptung, daß ihre Haftung durch ihre Allgemeinen Geschäftsbedingungen beschränkt sei, die der Klägerin schon deshalb aufgrund zahlreicher vorangegangener Geschäfte (course of trading) bekannt gewesen sei, weil sie jedesmal mit der Rechnungsstellung übersandt worden waren.

Diese Entscheidung erhellt die Kriterien für die Anwendung der "implied terms", ohne daß dabei die Aspekte bezüglich der "confirmation notes" hinzutreten. Mit anderen Worten ging es um die Frage, ob allge-

430) McCrone v. Boots Farm Sales Ltd. (1981) S.L.T. 103

meine Geschäftsbedingungen allein dadurch zum Vertragsinhalt werden, daß bei vorherigen Geschäften diese inkorporiert waren, jedoch bei dem letzten nicht einmal eine Bezugnahme oder ein sonstiger Hinweis erfolgte.

In seiner Begründung führt das Gericht unter anderem aus, daß sich aus dem Verteidigungsvorbringen der Beklagten nicht ergibt ... "the nature or number of the transactions ... For aught yet seen, those prior transactions may have been few and far between; they may or may not have been contracts of sale; if they were, the goods sold and the form of the contract my have varied ... The nature, subject-matter and the terms of prior transactions are of vital importance. If this sale contract was similar in the respects to those contracts which preceded it, it may be easier to include the general conditions by implication in this contract, ... The inference of inclusion must be easier to draw where all the transactions are of the same nature ..."

Ebenfalls unter Bezugnahme auf den Fall Hollier v. Rambler Motors Ltd.[431)] führt das Gericht weiter aus, daß drei oder vier Geschäfte in einem Zeitraum von fünf Jahren nicht ausreichend seien.

g) Ergebnis der Entscheidungsanalysen; Kriterien für die Einbeziehung von Allgemeinen Geschäftsbedingungen durch die Doktrin der "implied terms"

Analysiert man die obengenannten Urteilsbegründungen

---

431) Hollier v. Rambler Motors Ltd. (1972) 2 Q.B. 71

zur Einbeziehung von allgemeinen Geschäftsbedingungen, insbesondere auch zum Begriff des "course of dealing", so läßt sich eine stillschweigende Einbeziehung von allgemeinen Geschäftsbedingungen in bezug auf einen einzelnen Vertrag dann annehmen, wenn folgende Tatsachen bzw. Bedingungen im Hinblick auf den Vertrag, die Parteien und ihr Verhältnis zueinander erfüllt sind:

1. Es muß sich um eine länger andauernde Geschäftsbeziehung handeln, bei der

2. im wesentlichen gleichartige Geschäftsgegenstände Inhalt der früheren Verträge und des zur Entscheidung anstehenden Vertrages waren und

3. gleichartige allgemeine Geschäftsbedingungen bei den früheren Geschäften vereinbart waren, so daß

4. der von den allgemeinen Geschäftsbedingungen betroffene Partner positiv wußte oder wissen konnte, daß solche Klauseln von der anderen Partei regelmäßig verwendet werden.

5. Bei der durch die allgemeinen Geschäftsbedingungen begünstigten Vertragspartei braucht es sich nicht immer um die gleiche Firma zu handeln, sondern ausreichend ist, daß sie offensichtlich zum Unternehmenskomplex einer Firma (z.B. einem Konzern) gehört, die ihrerseits schon länger mit der anderen Partei in Geschäftsbeziehung steht.

Läßt sich eine derartige lang andauernde Geschäftsbeziehung nicht feststellen, so besteht eine Möglichkeit der stillschweigenden Einbeziehung von allgemeinen

Geschäftsbedingungen noch dann, wenn

1. beide Parteien auf dem gleichen wirtschaftlichen Sektor tätig sind,

2. sie daher geradezu offensichtlich wissen, daß in dem fraglichen Geschäftszweig allgemeine Geschäftsbedingungen üblich sind und

3. sie gleichwertige Vertragspartner (equal bargaining power) sind[432].

Dieser rechtliche Ansatz zur Einbeziehung von allgemeinen Geschäftsbedingungen kraft Stillschweigens läßt sich sowohl bei englischen als auch bei schottischen Gerichten beobachten[433], so daß der Schluß gerechtfertigt erscheint, daß sich insoweit ein einheitliches britisches Recht herausgebildet hat.

Hervorzuheben ist bei der Analyse der Rechtsprechung, daß von den obengenannten Kriterien nicht jedes bei jedem Rechtsstreit erfüllt sein muß, damit es zu einer

---

432) Gerade dieses letzte Erfordernis dürfte notwendig sein, denn bis zur Einführung der allgemeinen Geschäftsbedingungen herrschte in Großbritannien die aus dem 19. Jh. stammende Auffassung vor, die Verträge würden zwischen den beteiligten Parteien frei und gleichwertig ausgehandelt. Gegen die Ausnutzung des wirtschaftlichen Übergewichts hat sich dementsprechend die Rechtsprechung des Common Law (u.a. durch die sog. "contra proferentem rule of construction") gewandt (vgl. Halsbury-Lawson-Macleod-Rogers Vol.9 aaO para 35o, note 8

433) Vgl. Lawson aaO S. 3; Walker-Contracts aaO S. 356 m.w.N.

Anwendung der "implied terms"-Methode kommt. Vielmehr setzen die Gerichte diese Kriterien in eine Art Abhängigkeitsverhältnis dergestalt beispielsweise, daß je höher die Offensichtlichkeit und Üblichkeit der Standardbedingungen ist, umso weniger auf die Länge der Geschäftsbeziehung abgestellt zu werden braucht. Gleichzeitig gewinnt dann das Merkmal der Gleichwertigkeit der Geschäftspartner an Bedeutung. Erst wenn mehrere Kriterien zusammen oder ein Merkmal allein eine Bedeutung erlangt haben, aufgrund derer eine objektive Kenntnis der allgemeinen Geschäftsbedingungen beim anderen Vertragspartner angenommen werden kann und muß, vollziehen die englischen/schottischen Gerichte den Schritt einer Einbeziehung von allgemeinen Geschäftsbedingungen, ohne daß diese ausdrücklich in den fraglichen Vertrag mit einbezogen wurden.

2. Die Funktion von "confirmation notes" für die stillschweigende Einbeziehung von Vertragsbedingungen

In engem Zusammenhang mit der zuletzt genannten Gruppe der "implied terms" steht der Begriff der "confirmation note" (in Abgrenzung zum deutschen Recht soll im folgenden auf eine Übersetzung, etwa in Richtung des "kaufmännischen Bestätigungsschreibens" oder der "Auftragsbestätigung" vermieden werden). Aufgrund der uneinheitlichen Begriffsverwendung im englischsprachigen Raum wird dieser Begriff teilweise auch durch Ausdrücke wie "bought notes, sold notes, delivery orders, conditions of sale und contract notes"[434)] bzw. "letter of confirmation"[435)] oder "confirmation slip"[436)] ersetzt.

Bei der Betrachtung der Fälle zum Recht der "confirmation note" sind zwei Alternativen zu unterscheiden:

Zum einen geht es um solche Fälle, in denen nach einer mündlichen Vertragsverhandlung und dem dort erfolgten Angebot die andere Vertragspartei ein Annahmeformular mit anhängender "confirmation note" oder "confirmation slip" dem anderen Teil mit der Aufforderung schickt, sie unterschrieben zurückzusenden und die Empfängerpartei dies unterläßt. Zum anderen geht um solche Fälle - und dies sind die rechtlich schwierig einzuordnenden - in denen erst nach dem Vertragsschluß eine "confirmation note" übersendet wird, in der neue oder zusätzliche Bedingungen stehen, die von der empfangenden Partei entweder mangels Kenntnis oder bewußt unwidersprochen bzw. unbestätigt bleiben[437)].

---

434) Hoggett aaO S. 518 Fußnote 3; Thieme/Mitscherlich aaO S. 173,18o, die den Begriff der "confirmation note" für den üblicherweise gebräuchlichsten halten.

435) Schlesinger II aaO S. 1o88

436) Triebel aaO S. 43

437) Die erste Gruppe ist deshalb unproblematisch, da die Rechtsprechung in einem Präzedenzfall entschieden hat, daß der Vertrag ohne den Inhalt, der in der nicht zurückgesandten "confirmation note" enthalten ist, zustandekommt. Das Annahmeformular allein wirkt sich auf die Bedingungen des Vertrages aus, weil mit ihm ein Konsens bereits feststellbar ist. Für die nicht zurückgesandte "confirmation note" folgt daraus, daß sie rechtlich irrelevant bleibt; sie stellt ein "postcontractual document" dar. Vgl. Compagnie de Commerce et Commission S.A.R.L. v. Parkinson Stove Co. Ltd. (1953) 1 Lloyd's Rep. 532, 542 per Pilcher, J.; vgl. auch Schmitthoff-Export Trade aaO S. 63

Ein derartiges Bestätigungsschreiben erfüllt mit seiner Beweisfunktion bezüglich der Rechte und Pflichten einen wichtigen wirtschaftlichen Zweck, etwa bei Streitigkeiten oder zum Nachweis gegenüber am Vertrag beteiligten Dritten[438]. Außerdem dient die "confirmation note" den Bedürfnissen eines arbeitsteilig organisierten Unternehmens und verstärkt damit die reibungslose Abwicklung des Geschäfts. Diese Funktion zeigt sich auch in der täglichen Praxis des britischen Geschäftslebens, die immer häufiger auf das "Bestätigungsschreiben" zurückgreift[439], während sich in der Rechtsprechung (noch) eine weitgehende Zurückhaltung feststellen läßt[44o].
Im Rahmen dieser Betrachtung soll ausgeklammert bleiben, wie die Situation zu beurteilen ist, daß beide Vertragsparteien sich inhaltlich unterschiedliche "confirmation notes" übersenden ("battle of forms" bzw. "battle of condition")[441]. Nach den obigen Ausführungen zu dem "leading case" Felthouse v. Bindley [442] dürfte auf der Hand liegen, daß obige Frage nicht ohne weiteres zu lösen ist.

---

438) Vgl. auch Ebenroth aaO S. 161

439) Hoggett aaO S. 529; bis vor relativ kurzer Zeit war diese Versendungspraxis noch nicht üblich, worauf u.a. Klang/Gschnitzer-Wahle aaO S. 37 hinweist; vgl. zum ganzem auch Schlesinger II aaO S. 112o sowie OLG Nürnberg AWD 1974, 4o5 (4o6) mit Hinweis auf ein Gutachten von Ferid

44o) Thieme/Mitscherlich aaO S. 18o unter Bezugnahme auf Hoggett

441) Schmitthoff-Export Trade aaO S. 64

442) Felthouse v. Bindley (1862) 11 C.B.(N.S.) 869, affirmed (1863) 7 L.T. 835; vgl. dazu auch oben unter Fußnote 4o

a) Henry Kendall & Sons v. William
Lillico & Sons

Ein Beispiel für einen derartigen Fall ist in England der Fall Henry Kendall & Sons v. William Lillico & Sons[443]. In dem Fall ging es um einen mündlich geschlossenen Vertrag über die Lieferung von Hühnerfutter an eine Firma (Suffolk Agricultural and Poultry Association Ltd. (SAPPA)) durch eine Firma (Grimsdale & Sons Ltd.)[444]. Diese Firma übersandte einen Tag nach dem mündlichen Vertragsabschluß eine "confirmation note" mit ihren Allgemeinen Verkaufsbedingungen. Diese Vorgehensweise entsprach einer langjährigen Übung zwischen den Parteien, die so aussah: über drei Jahre wurden drei bis vier Geschäfte pro Monat abgewickelt. Entweder noch am Tage des mündlichen Vertragsabschlusses oder einen Tag später sandte die Firma Grimsdale & Sons Ltd. eine "confirmation note"[445] an die Firma SAPPA, die ein solches Schreiben auch erwartete. Dem Vertreter von SAPPA

---

443) Henry Kendall & Sons v. William Lillico & Sons (1968) 2 All E.R. 444 (H.L.); (1966) 1 All E.R. 3o9 (C.A.); diese Entscheidung ist auch unter dem Namen Hardwick Game Farm v. Suffolk Agricultural and Poultry Producers Association Ltd. bekannt, da der Fall vor dem Court of Appeal unter diesem Namen lief. (1966) 1 All E.R. 3o9; siehe zu den Fundstellen auch Halsbury-Lawson-Macleod-Rogers vol. 9 aaO para 353, note 15

444) Der Fall ist im Tatsächlichen komplexer gelagert, da die Lieferfirma ihrerseits noch vertraglich an eine dritte Firma gebunden war und auch den Liefergegenstand von einer anderen Firma erhalten hatte; es handelte sich bei der Entscheidung letztlich um einen sog. "consolidated appeal".

445) Das Urteil verwendet den Begriff "contract note".

war bekannt, daß sich auf der Rückseite allgemeine Verkaufsbedingungen befanden, kannte aber zu keinem Zeitpunkt deren Inhalt. Tatsächlich enthielten diese allgemeinen Verkaufsbedingungen eine Klausel, wonach der Käufer die Gefahr für alle versteckten Mängel der Kaufsache tragen sollte[446]. Die Frage, die sich dem House of Lords, ebenso wie dem Court of Appeal stellte, war, ob diese Klausel Bestandteil des Vertrages war bzw. in diesen mit einbezogen werden sollte und damit die Kläger von einer Haftung befreien konnte. Lord Morris of Borth-y-Gest führt dazu aus[447]: "In agreement with all the members of the Court of Appeal I consider they were. Over the course of a long period prior to the three oral contracts which are now in question SAPPA knew, that when Grimsdale sold they did so on the terms that they had continuously made known to SAPPA. In these circumstances it is reasonable to hold that when SAPPA placed an order to buy they did so on the basis and with the knowledge that an acceptance of the order by Grimsdale and their agreement to sell would be on the terms and conditions set out on their contract notes to the extent to which they were applicable".

Betrachtet man obige Ausführungen, so würde dies bedeuten, daß die Klausel schon einbezogen wurde, bevor die "confirmation note" abgesandt wurde. Lord Guest stellt in seiner Begründung darauf ab, daß "previous

446) "The buyer under the contract takes the responsibility of any latent defects" in: Henry Kendall & Sons v. William Lillico & Sons (1968) 2 All E.R. 444, 462, 474

447) Henry Kendall & Sons v. William Lillico & Sons (1968) 2 All E.R. 444, 462

dealings are relevant only if they prove knowledge of the terms, actual and not constructive, and assent to them". ... "If previous dealings show that a man knew of and agreed to a term in ninety-nine occasions, there is a basis for saying that it can be imported into the hundreth contract without an express statement"[448].

Diese Rechtsprechung wird grundsätzlich auch von den schottischen Gerichten getragen; jedoch weisen Gloag/Henderson[449] unter Bezugnahme auf den schottischen Fall Grayston Plant v. Plean Precast[450] darauf hin, daß dieses Prinzip wohl dann nicht mehr zur Anwendung kommen kann, wenn die übersandten Bedingungen auf andere, dem Adressaten unbekannte Klauseln zum Beispiel aus anderen Dokumenten, verweisen.

Die Begründung fügt ein weiteres Element hinzu, nämlich die positive und nicht fingierte Kenntnis und Zustimmung zu den allgemeinen Geschäftsbedingungen, die sich aus der dauernden Geschäftsverbindung beweisen läßt. Gerade diese Beweiskraft in bezug auf die Frage,

---

448) Henry Kendall & Sons v. William Lillico & Sons (1968) 2 All E.R. 444, 474

449) Gloag/Henderson aaO S. 52 f., ch. IV 12

450) Grayston Plant v. Plean Precast (1976) S.C. 206: "Where there is no standard form contract introduced in a course of dealings, but only an oral contract where one party has referred the other to terms contained in a written document, mere reference is not sufficient to import the term into the contract. It is necessary to show that there was reasonable and sufficient notice of the term, which will depend on the nature and scope of the term and the circumstances of the case".

ob ein "course of dealing" vorliegt oder nicht, macht die zunehmende Bedeutung der "confirmation note" aus, worauf auch schon von Thieme/Mitscherlich[451] und Ebenroth[452] hingewiesen wurde.

Einen etwas anderen Begründungsansatz wählt Lord Pearce[453]. Seiner Auffassung nach ist es unerheblich, "... what SAPPA themselves thought or knew about the matter, but what they should be taken as representing to Grimsdale about it and leading Grimsdale to believe. The only reasonable inference from the regular course of dealing over so long a period is that SAPPA were evincing an acceptance of, and a readiness to be bound by, the printed conditions of whose existence they were well aware although they had not troubled to read them".

Betrachtet man diese Begründung, so läßt sich feststellen, daß die schweigende Entgegennahme von allgemeinen Geschäftsbedingungen deshalb Bindungswirkung entfalten soll, weil der Absender dieses Verhalten so auffassen mußte und durfte (Gesichtspunkt von Treu und Glauben). Es tritt also ein Element des objektiven ex-post Betrachters hinzu. Mithin läßt sich auch im englischen Recht die Tendenz feststellen, der "confirmation note" vertragsändernde Wirkung zubilligen zu wollen[454].

---

451) Thieme/Mitscherlich aaO S. 180

452) Ebenroth aaO S. 165

453) Henry Kendall & Sons v. William Lillico & Sons (1968) 2 All E.R. 444, 481

454) Ebenroth aaO S. 165; Thieme/Mitscherlich aaO S. 180. Daß die Grimsdale begünstigende Haftungsbeschränkung gleichwohl in den allgemeinen Verkaufsbedingungen nicht eingriff, lag nach Auffassung des Gerichts daran, daß Haftungsnormen

b) J. Spurling Ltd. v. Bradshaw

Einen ähnlichen Fall wie der oben erwähnte Henry Kendall & Sons v. William Lillico & Sons[455] stellt der Fall J. Spurling Ltd. v. Bradshaw[456] dar. Hier ging es um die Einlagerung von Orangensaftfässern des Beklagten in den Lagerhäusern des Klägers. Erst einige Tage nach der tatsächlichen Einlagerung übersandte der Kläger ein "landing account", das vergleichbar ist mit einer "confirmation note" und das folgenden Wortlaut auf der Vorderseite hatte: "The company's conditions as printed on the back hereof cover the goods held in accordance with this notice...". Die Rückseite enthielt dann unter anderem eine Klausel, die die Haftung der Lagergesellschaft beschränkte. Der Beklagte berief sich darauf, daß diese Klausel nicht Vertragsgegenstand geworden sei, zumal er von ihr keine Kenntnis hatte.

In der Begründung für die Klagestattgabe führt Denning L.J. aus: "... the defendant admitted that he had received many landing accounts before. True he had not troubled to read them. On receiving this account, he took no objection to it, left the goods there (i.e.

454) (Fortsetzung)
des diesen Fall regelnden Fertiliser and Feeding Stuffs Act 1926 und des Sale of Goods Act 1893 nicht durch allgemeine Geschäftsbedingungen ausgeschlossen werden konnten, da dem Kläger der Zweck des Kaufgegenstandes bekannt war.

455) Henry Kendall & Sons v. William Lillico & Sons (1968) 2 All E.R. 444

456) J. Spurling Ltd. v. Bradshaw (1956) 2 All E.R. 121 ff.

in the warehouse), and went on paying the warehouse rent for months afterwards. It seems to me that by the course of business and conduct of the parties, these conditions were part of the contract".

Wie schon in dem Fall Henry Kendall & Sons v. William Lillico & Sons[457] kommt es also für die nachträgliche Inkorporation nicht auf die aktuelle Kenntnis des Empfängers der zeitlich letzten "confirmation note" an. Vielmehr ist entscheidend, daß sie durch vorhergehende Geschäfte entweder bekannt waren oder doch zumindest bekannt hätten sein können. Außerdem muß der Empfänger ein Verhalten an den Tag legen, das es gerechtfertigt erscheinen läßt, die Klauseln als inkorporiert anzusehen[458].

Aus diesen Urteilen läßt sich der Schluß ziehen, daß es auf ein Bewußtsein der Parteien, daß sie sich an die "confirmation note" gebunden fühlen, nicht ankommt[459]. Auch ist es nicht unbedingt notwendig, daß die Parteien immer die gleichen Bedingungen in den "confirmation notes" verwendet haben. Entscheidend ist lediglich, daß die Empfängerpartei weiß, daß

---

457) Henry Kendall & Sons v. William Lillico & Sons (1968) 2 All E.R. 444

458) An dieser Stelle sei aber darauf hingewiesen, daß eine derartige stillschweigende Einbeziehung dann scheitern dürfte, wenn es sich um eine unübliche, d.h. das Geschäft nicht mehr direkt betreffende und damit überraschende Klausel handelt. In diesem Fall müßte der Klauselverwender einen über die einfache Übersendung hinausgehenden Hinweis geben. S. dazu Denning L.J. in J. Spurling Ltd. v. Bradshaw (1956) 2 All E.R. 121 (125)

459) Hoggett aaO S. 520

die zuletzt übersandten "confirmation notes" Klauseln enthält, unter denen der Absender abschließen will[460].

Betrachtet man diese Begründung, so lassen sich als tragende Tatsachen feststellen, daß a) es auf eine langdauernde Übung ankommt und daß b) der Empfänger der "confirmation notes" von der Übung Kenntnis haben muß und daß c) er wissen muß, daß diese allgemeine Bedingungen enthalten.

c) Roe v. R.A. Naylor, LIM

In dem Fall Roe v. R.A. Naylor, LIM.[461] hat der Beklagte einen Tag nach dem zwischen seinem Vertreter und dem Kläger mündlich geschlossenen Vertrag diesem ein "memorandum of contract" zugesandt. Diese "sold note" enthielt neben den mündlich ausgehandelten Bedingungen eine zusätzliche Klausel, die die Lieferverpflichtung des Beklagten auf seinen Lagerbestand beschränkte. Zudem war die Klausel äußerst klein geschrieben und befand sich am Rand der Längsseite der "sold note". Der Kläger prüfte diese in bezug auf die zuvor bestellten Waren, übersah aber die Bedingung und widersprach ihr entsprechend nicht, nahm sie also schweigend entgegen. Der Beklagte lieferte

---

460) Spurling Ltd. v. Bradshaw (1956) 2 All E.R. 121 per Morris L.J. at p. 127: "If it is true, that because of the plaintiff was not heard, there is no positive evidence that the conditions on previous landing accounts were the same as the conditions in the present case. It is clearly established, however, that the defendant knew that there were conditions".

461) Roe v. R.A. Naylor LIM (1918) 87 L.J.K.B. 958

nur einen Teil der bestellten Güter und berief sich im übrigen auf die Bedingung.

Der Klage wurde stattgegeben, womit der stillschweigenden Entgegennahme der Bedingung die Bindungswirkung genommen wurde; tragende Begründung dafür war, daß zum einen zwischen den Parteien schon vorher Geschäftsbeziehungen bestanden hatten, ohne daß in jedem Fall die fragliche Bedingung in den Vertrag aufgenommen worden wäre[462], zum anderen hätte die Beklagte auf die neu eingefügte Klausel ausdrücklich hinweisen müssen, da ansonsten dem Erfordernis der "communication", der Bekanntgabe nicht Genüge getan sei[463]. Gleichzeitig ist diese Einfügung einer zusätzlichen Bedingung "... which is not assented to by the other side, (is) not a sufficient note of memorandum of the previous bargain within the meaning of the Sale of Goods Act 1893"[464]. Damit fehlt es an einer ausdrücklichen Annahme, so daß der mündliche Vertrag die maßgebende Verpflichtung schafft.

d) Zusammenfassung und Entwicklung des Rechts zur "confirmation note"

Aus den drei genannten Fällen wird deutlich, daß die Problematik darin liegt, wann und wie die Klauseln

---

462) Roe v. R.A. Naylor LIM (1918) 87 L.J.K.B. 958 per Swinfen Eady, M.R. at p. 963

463) Roe v. R.A. Naylor LIM (1918) 87 L.J.K.B. 958 (961, 965)

464) Roe v. R.A. Naylor LIM (1918) 87 L.J.K.B. 958, (962); diese Vorschrift ist in dem Sale of Goods Act 1979 entfallen.

in den Vertrag inkorporiert werden können. Gleichzeitig berührt diese Frage die zentralen Nerven des englischen Vertragsrechts. Auf den ersten Blick bieten sich zwei Alternativen für die rechtliche Einordnung an. Einerseits können die Bedingungen aus der "confirmation note" als neues Angebot angesehen werden, das entweder angenommen oder abgelehnt werden kann. Das entspräche dem klassischen englischen Vertragsrecht, wonach dem Angebot eine inhaltlich identische Annahme zu folgen hat[465].

Die zweite Möglichkeit wird von Hoggett darin gesehen, daß das mündlich Verhandelte nur ein Angebot und noch keinen Vertrag darstellt und die "confirmation note" erst die Annahme bewirkt[466].

Gegen diese letzte Lösungsmöglichkeit sprechen aber die bereits zu diesem Problem ergangenen englischen Entscheidungen. So stützte sich in dem bereits oben dargestellten Fall Roe v. Naylor LIM [467] die Begründung für die Stattgabe der Klage darauf, daß mit dem mündlich Ausgehandelten der Vertrag zustandegekommen sei.

---

465) Hoggett aaO S. 519, dessen Ansatz nicht ganz einleuchtend ist, weil damit im Falle der Annahme des mündlich zwischen den Parteien Vereinbarten dies nur noch als Verhandlungen ohne rechtliche Bindung (negotiations) angesehen werden könnte. Nimmt der Empfänger der "confirmation note" die neuen Klauseln nicht an, so würde dies bedeuten, daß das mündlich Ausgehandelte als Vertrag keine Gültigkeit erlangte, obwohl die Parteien insoweit ad idem waren, d.h. überienstimmende Willenserklärungen vorlagen und die Parteien sich an sich rechtlich binden wollten.

466) Hoggett aaO S. 519

467) Roe v. Naylor LIM (1918) 87 L.J.K.B. 958; vgl. auch Perry v. Suffields (1916)2 Ch. 187; Hussey v. Horne-Payne (1879) 4 App.Cas. 311

Außerdem spricht dieser Ansatz gegen die äußerst streng gehandhabte Regel des englischen Vertragsrechts, wonach die Parteien "ad idem" sein müssen, d.h. Angebot und Annahme müssen absolut deckungsgleich sein[468].

Die zweite Auffassung findet nur in einer englischen Entscheidung bisher eine Stütze; in Harnor v. Groves[469] ging es um den Kauf von Mehl. In der mündlichen Verhandlung zwischen Käufer und dem Vertreter des Verkäufers wurde noch eine bestimmte Qualität als garantiert vereinbart. In der am folgenden Tag übersandten "confirmation note" fehlte eine derartige die Qualität garantierende Bestimmung. Der Kläger versuchte, die Leistung der Garantie entsprechend einzuklagen. Der entscheidende Satz der Begründung für die Klageabweisung lautet: "The plaintiff is seeking to treat as the contract that which passed between him and the defendant's agent before the contract was actually entered into".

---

468) Cie. de Commerce et de Commission S.A.R.L. v. Parkinson Stove Co. Ltd. (1953) 2 Lloyd Rep. 487

469) Harnor v. Groves (1855) 15 C.B. 667, 674 f.: "The contract between the parties was reduced into writing: and the rule is, that where a contract, though completely entered into by parol, is afterwards reduced into writing, we must look at that, and at that alone, even though part of the terms previously agreed upon are not inserted in the written contract. It is by the written contract alone - subject, of course, to be interpreted by the usages of trade, as in Syers v. Jones, - that the parties are bound".

Überträgt man diesen Fall auf deutsche Begriffe, so war der "agent" nicht Vertreter, sondern nur ein das Angebot übermittelnder Bote. Im Rahmen dieser Entscheidung bleibt sonach keinerlei Raum für eine stillschweigende Annahme von zusätzlichen, durch "confirmation notes" eingebrachten Klauseln.

Die oben analysierten Entscheidungen erkennen die stillschweigende Einbeziehung von zusätzlichen Bedingungen durch nachträglich übersandte "confirmation notes" nur an, weil ein Element auf der Tatsachenseite immer wieder auftaucht: das der fortdauernden Geschäftsbeziehung bzw. der Übung (course of dealing bzw. usage).

Konsequenter nächster Schritt und damit Weiterentwicklung zur stillschweigenden Einbeziehung von allgemeinen Geschäftsbedingungen im Rahmen der Übersendung von "confirmation notes" in England war - neben der schon zuvor zitierten Entscheidung aus Schottland[470] - der Fall S.I.A.T. v. Tradax[471]; nach 81 ausdrücklich bestätigten "confirmation notes" der Beklagten, versäumte die Klägerin dies beim 82. Vertrag. Gleichwohl wurden die allgemeinen Geschäftsbedingungen als vereinbart angesehen.

Dieser Fall ist schon unter dem Aspekt interessant, daß das Gericht den Unterschied zwischen dem "course of dealing" und der sogenannten British Crane Hire-doctrine[472] verneinte.

---

470) McCrone v. Boots Farm Sales Ltd. (1981) S.L.T. 103

471) S.I.A.T. Di Del Ferro v. Tradax Overseas S.A. (1978) 2 Lloyd's Rep. 470

472) Die Einbeziehung aufgrund eines sogenannten "common understanding".

Statt dessen versuchte das Gericht einen sehr viel allgemeineren Ansatz für dieses Problem zu finden, der in folgender Passage aus der Urteilsbegründung zum Ausdruck kommt: "... They (die beiden Lösungsansätze) are two different examples of a much wider concept, namely that a contract is not made in a vacuum, but against a background of present and past facts and future expectations and that its terms, and indeed the consensus itself, are to be gathered not only from expressed words, but also from conduct viewed against that background".

Auf der Basis dieses Gedankens und einer Weiterentwicklung der tragenden Gründe der Entscheidungen Henry Kendall & Sons v. William Lillico & Sons[473] und McCutcheon v. David MacBrayne Ltd.[474] versuchte das Gericht einen neuen Test für die Frage, wann die allgemeinen Geschäftsbedingungen der "confirmation note" stillschweigend als vereinbart gelten: "I would offer a further variant, which may be easier for commercial men to apply. Would the parties have agreed that a particular term formed part of the contract if they were reasonable men looking at the matter objectively in the knowledge that no adverse consequences could flow from the answer. I add this latter qualification because even the most reasonable commercial man will become a little less than objective when told that the answer could cost him US $ 3 million. The term will only be contractual if the parties' answer would have been a definite 'yes'. 'Possibly' will not do".

---

473) Henry Kendall & Sons v. William Lillico & Sons (1968) 2 All E.R. 444

474) McCutcheon v. David MacBrayne Ltd. (1964) 1 W.L.R. 125

Nicht beantwortet ist damit die Frage, ob die ein- oder erstmalige stillschweigende Entgegennahme einer zusätzlichen Bedingung in einer "confirmation note" ebenfalls diese als bindend wirken läßt. Im Grundsatz ist für diese Frage der Fall Olley v. Marlborough Court[475) der "leading case". Der Kläger hatte mit seiner Frau in dem Gasthof des Beklagten an der Rezeption in der Eingangshalle ein Zimmer gebucht. Erst als er das Zimmer betrat, sah er auf der Rückseite der Tür ein Dokument, das die Haftung des Beklagten für fahrlässig verursachte Diebstähle ausschloß. Der "Appeal" der Beklagten wurde zurückgewiesen mit der Begründung, daß dieses Dokument keinen Bestandteil des bereits in der Empfangshalle geschlossenen Vertrages darstelle, da es dem Kläger erst nach Vertragsschluß bekannt geworden sei. Derartige die Haftung beschränkende Klauseln bedürfen einer ausdrücklichen Bekanntgabe bei Vertragsschluß[476).

Es handelt sich somit um ein "post-contractual" Dokument[477), das keine vertragliche Wirkung entfalten kann. Dies liegt zum einen in der bereits oben ausgeführten Regel zum Fall Felthouse v. Bindley[478), daß Schweigen allein auf ein Angebot keine Bindungswirkung hervorrufen kann, selbst wenn die wesentlichen Bestandteile des Vertrages vorliegen[479), zum

475) Olley v. Marlborough Court (1949) 1 K.B. 532

476) Olley v. Marlborough Court (1949) 1 K.B. 532 per Denning L.J. at p. 549 und Singleton L.J. at p. 547; Burnett v. Westminster Bank (1965) 3 All E.R. 81, 87 per Mocatta, J.

477) Hoggett aaO S. 521

478) Felthouse v. Bindley (1862) 11 C.B. (N.S.) 869

479) Vgl. Roe v. R.A. Naylor LIM (1918) 87 L.J.K.B. 958

anderen in der "consideration"-Lehre, wonach sich Leistung und Gegenleistung gegenüberstehen müssen. Bei einer nachträglichen Aufoktroyierung einer ursprünglich nicht ausgehandelten Klausel steht dem Empfänger der "confirmation note" keine Gegenleistung gegenüber.

Dieses letzte Argument für die rechtliche Bewertung des Schweigens dürfte im schottischen Recht nicht überzeugen, denn in dieser Hinsicht unterscheidet es sich wesentlich vom englischen Recht. Schottisches Recht läßt durch zwei übereinstimmende Willenserklärungen selbst ein Verpflichtungsgeschäft zustande kommen, wenn auf der einen Vertragsseite keine "consideration", keine Gegenleistung erkennbar ist. Dieses Verpflichtungsgeschäft ist genauso gerichtlich durchsetzbar wie jenes, in dem sich Leistung und Gegenleistung gegenüberstehen[480].

3. Die Lösungen im deutschen Recht - Unterschiede und Gemeinsamkeiten

Im Vergleich zur britischen Rechtslage lassen sich auf den ersten Blick beim handelsrechtlichen Vertrag zwei wesensmäßig unterschiedliche Konstellationen feststellen. Einerseits mußten deutsche Gerichte solche Fälle entscheiden, bei denen unmittelbar nach Vorverhandlungen oder nach mündlichem Vertragsschluß eine Vertragspartei nachträglich durch Übersendung eines Schreibens den Vertrag in dem einen oder anderen

480) Morton's Trs. v. Aged Christian Friend Society (1899) 2 F. 82, 85; Gloag/Henderson aaO S. 46, ch. IV 1 m.w.N.

Punkt ändern wollte; diese Änderung erfolgte nicht im Rahmen vorformulierter Bedingungen, wie sie die allgemeinen Geschäftsbedingungen darstellen, sondern individuell auf den Einzelvertrag bezogen. Andererseits ging es um solche Sachverhalte, wo nach Vertragsschluß eine Partei versuchte, sich auf ihre vorher nicht Vertragsinhalt gewordenen allgemeinen Geschäftsbedingungen zu berufen, um ihr nachteilige Folgen aus dem Vertragsverhältnis zu vermeiden.

Beiden Konstellationen ist regelmäßig gemeinsam, daß dieser Versuch einer Änderung durch Berufung auf ein einseitig formuliertes und übersandtes Schreiben erfolgt, dem sogenannten kaufmännischen Bestätigungsschreiben, auf das die andere Partei sich nicht äußert.

a) Das kaufmännische Bestätigungsschreiben und seine Abgrenzungen

Das Institut vom kaufmännischen Bestätigungsschreiben beruht auf einem handelsrechtlichen Gewohnheitssatz, der trotz einiger anderer vertretener Lösungsansätze in Rechtsprechung und Literatur[481)] heute jedenfalls als objektives Recht in der Bundesrepublik angesehen werden muß[482)].

---

481) ROHGE 1, 76 (81); 15, 94 (97); RGZ 54, 176 (182); BGHZ 11, 1 (5); 40, 42 (46); BGH WM 75, 831; siehe auch Schmidt aaO S. 414 m.w.N. zum Streitstand; Schlegelberger-Hefermehl aaO § 346 Rdnr. 99, 108, 120

482) Schmidt aaO S. 414, 417; Schlosser in Schlosser/Coester-Waltjen/Graba aaO § 2 Rdnr. 112; dagegen z.B. Müko-Kramer aaO § 151 Rdnr. 16 ff. Für das Ziel der vorliegenden Untersuchung kommt es jedoch nicht auf diesen unterschiedlichen Ansatz an.

Das Recht des kaufmännischen Bestätigungsschreibens stellt jedoch kein homogenes Feld dar, sondern es sind vielmehr unterschiedliche Konstellationen, in denen das Schweigen der Empfänger-Partei Bedeutung erlangen kann, denkbar. In für die vorliegende Arbeit nützlicher Anlehnung an Karsten Schmidt[483)] lassen sich vier große Komplexe des kaufmännischen Bestätigungsschreibens feststellen:

a) Unter einem kaufmännischen Bestätigungsschreiben im weiteren Sinne sind solche Dokumente zu verstehen, die vorhergegangene Vertragsverhandlungen bestätigen und damit den Vertragsinhalt festlegen[484)]. Erst aufgrund dieser Vertragsverhandlungen ist der Vertrauenstatbestand erfüllt, der zur Anwendung von der Lehre des Schweigens auf ein kaufmännisches Bestätigungsschreiben führt.

b) Das kaufmännische Bestätigungsschreiben im engeren Sinne stellt ein Dokument dar, das nur einen bereits (beispielsweise mündlich) geschlossenen Vertrag bestätigt und dessen Inhalt nunmehr definitiv festlegen soll[485)] (deklaratorische oder affirmative Bestätigungsschreiben). Denkbar ist in dieser Konstellation, daß sich das kaufmännische Bestätigungsschreiben auf einen nur angeblich geschlossenen Vertrag bezieht[486)]. Die Wirkung und Bedeutung solcher Bestätigungsschreiben

---

483) Schmidt aaO S. 422 ff.

484) BGH JZ 1974, 383 m.w.N.

485) ROHGE 11, 432 (434 f.); 15, 94 (97); BGHZ 61, 282 (285); BGH NJW 1965, 965; DB 1970, 1777

486) BGHZ 7, 187 (189 f.); BGH NJW 1964, 1951 (1952); 1965, 965 (966); 1974, 991 (992)

liegt dann darin, daß es auf die Frage, ob ein Vertrag mit diesem oder anderem Inhalt tatsächlich vorlag oder nicht, nicht mehr ankommt, sondern es wird vielmehr fingiert, daß ein Vertrag zu den Bedingungen, wie sie im kaufmännischen Bestätigungsschreiben niedergelegt sind, zustande gekommen ist.

Einen Sonderfall im Rahmen dieser Gruppe stellt das Schreiben dar, das über das eigentliche Verhandelte hinausgeht und weitere, bisher nicht zur Sprache gekommene Vertragspunkte, insbesondere allgemeine Geschäftsbedingungen und sonstige Nebenabreden einführt, von denen der Absender des Bestätigungsschreibens annehmen darf, daß der Empfänger den neuen Bedingungen nicht widersprechen werde. Diese Möglichkeit wird von der Rechtsprechung recht großzügig bejaht[487)]. Bei den allgemeinen Geschäftsbedingungen muß in den kaufmännischen Bestätigungsschreiben eine ausdrückliche Bezugnahme stehen; sie brauchen allerdings nicht beigefügt zu sein[488)]. Nicht ausreichend ist dagegen die einfache Beifügung der allgemeinen Geschäftsbedingungen bzw. der Abdruck auf der Rückseite des kaufmännischen Bestätigungsschreibens ohne besonderen Hinweis[489)]. Gerade durch eine derartige Form der Einbeziehung von allgemeinen Geschäftsbedingungen ist die Bedeutung des kaufmännischen Bestätigungs-

---

487) BGHZ 7, 187 (190); BGH BB 1962, 902; BGHZ 54, 236; einschränkend LG Frankfurt BB 1974, 60; vgl. auch BGH NJW 1964, 589; 1978, 2243 (2244); a.A. Batsch aaO S. 1731, der einen Verstoß gegen § 4 AGBG annimmt; vgl. zum ganzen auch Wolf in Wolf/Lindacher/Horn aaO § 2 Rdnr. 71; vgl. auch BGH NJW 1982, 1751 m.w.N.

488) BGHZ 7, 187 (190)

489) RG JW 1925, 779; Seufferts Archiv 83, Nr. 202; Schlegelberger-Hefermehl aaO § 346 Rdnr. 115; OLG Düsseldorf NJW 65, 762; Schlosser in Schlosser/Coester-Waltjen/Graba aaO § 2 Rdnr. 112

schreibens in der Praxis enorm gestiegen. Insofern erscheint es gerechtfertigt, von einer richterrechtlich geschaffenen Befugnis zur Vertragsergänzung in Nebenpunkten zu sprechen[490]. Auch in diesem Fall gilt der Grundsatz, daß das Schweigen des Empfängers grundsätzlich dazu führt, daß auch die neuen, eingefügten Bedingungen Vertragsinhalt werden[491].

c) Unter die Gruppe des kaufmännischen Bestätigungsschreibens im weiteren Sinne fallen auch solche Schriftstücke, die nach Verhandlungen, in denen es aus irgendwelchen Gründen noch nicht zu rechtsverbindlichen Erklärungen zu ansonsten ausgehandelten Punkten gekommen ist (sog. Vorverhandlungen), versandt werden. Deren Inhalt wird in dem Schreiben noch einmal wiedergegeben. Da derartige Bestätigungen dann von der Rechtsprechung[492] als Angebot[493] angesehen werden, wirkt das Schweigen in diesen Fällen als Annahme; es bewirkt den Vertragsschluß. Auch in diesem Fall läßt es die Rechtsprechung zu, daß nachträglich allgemeine Geschäftsbedingungen,

---

490) Schlosser in Schlosser/Coester-Waltjen/Graba aaO § 2 Rdnr. 112 m.w.N.

491) Schmidt aaO S. 423; Schlegelberger-Hefermehl aaO § 346 Rdnr. 115; OLG Düsseldorf DB 1963, 929; BGHZ 7, 187 (190); 54, 236; 61, 282 (285); BGH NJW 1966, 1070; DB 1969, 2172; weitere Fundstellennachweise bei Schlosser in Schlosser/Coester-Waltjen/Graba aaO § 2 Rdnr. 112

492) BGH NJW 1964, 1951; 1965, 965 f.; siehe BGHZ 11, 1; vgl. auch Staub-Ratz aaO § 346 Anm. 106

493) So richtig Schmidt aaO S. 425, der hinsichtlich dieses Typs des Bestätigungsschreibens wegen seines Charakters als Angebot nicht von einer deklaratorischen Wirkung, wie dies bei Schreiben nach Verhandlungen mit rechtsverbindlichen Erklärungen der Fall ist, sprechen will.

d.h. ohne daß diese Gegenstand der Vorverhandlungen waren, dem Vertrag hinzugefügt und, wenn der Empfänger schweigt, Inhalt werden[494].

d) Zum genau gegenteiligen Ergebnis kommt die Rechtsprechung im vierten Fall, der sogenannten Auftragsbestätigung[495]. Sie gilt regelmäßig als Annahme eines Angebots, die mit diesem identisch sein muß. Ist das nicht der Fall, werden beispielsweise noch allgemeine Geschäftsbedingungen erwähnt, so liegt eine Ablehnung des ursprünglichen Angebots mit gleichzeitigem Neuangebot vor (§ 150 Abs. 2 BGB). Das Schweigen des Empfängers eines Neuangebots in Form einer Auftragsbestätigung führt grundsätzlich nicht zum Vertragsschluß, gilt mithin nicht als Annahme[496], da die Regeln, die das kaufmännische Bestätigungsschreiben beherrschen, bei der Auftragsbestätigung keine Anwendung finden. Diese Rechtsprechung wird dann wiederum eingeschränkt, wenn der Empfänger einer Auftragsbestätigung die Leistung widerspruchslos entgegennimmt oder Zahlungen leistet. Ein derartiges Verhalten soll nach Treu und

---

494) BGHZ 7, 187

495) BGHZ 18, 212 (215); BGHZ 61, 282 (285); BGH DB 1977, 1311; diese Auffassung wird auch in der Literatur vertreten: vgl. Schlegelberger-Hefermehl aaO § 346 Rdnr. 137; Schmidt aaO S. 426 m.w.N.; zur Abgrenzung der Auftragsbestätigung vom kaufmännischen Bestätigungsschreiben im Zusammenhang mit allgemeinen Geschäftsbedingungen vgl. die Nachweise bei Schlosser in Schlosser/Coester-Waltjen/Graba aaO § 2 Rdnr. 111

496) BGHZ 18, 212 (215); BGHZ 61, 282 (285); DB 1977, 1311; Schlegelberger-Hefermehl aaO § 346 Rdnr. 137; Diederichsen aaO S. 131; kritisch Müko-Kramer aaO § 151 Rdnr. 23, 30; Thamm aaO S. 911; Haberkorn aaO S. 110

Glauben zur Einbeziehung der allgemeinen Geschäftsbedingungen führen[497]. So führt die Rechtsprechung dann leicht zu einer Verwirrung, insbesondere weil die Verwendung der Begriffe "kaufmännisches Bestätigungsschreiben", "Bestätigungsschreiben" und "Auftragsbestätigung" selbst in höchstrichterlichen Urteilen nicht immer einheitlich ist[498].

Auf der Rechtsfolgenseite hat das Schweigen auf ein kaufmännisches Bestätigungsschreiben zur Konsequenz, daß der Inhalt des Schreibens auch als Vertragsinhalt angesehen wird[499]. Damit wird entweder, wenn ein Ver-

---

497) BGH NJW 1963, 1248; OLG Köln MDR 1971, 762 (763). Im Falle der Übersendung von allgemeinen Geschäftsbedingungen, die eine Eigentumsvorbehaltsklausel enthalten, ist folgende Unterscheidung zu beachten: Handelt es sich um einen verlängerten oder erweiterten Eigentumsvorbehalt, so führt die widerspruchslose Entgegennahme der Ware dann nicht zu seiner Geltung, wenn sich aus den allgemeinen Geschäftsbedingungen des Warenempfängers unmißverständlich ergibt, daß er nur zu seinen Bedingungen vertragsbereit ist. Vgl. dazu BGH NJW 1985, 1838 (1839); soll dagegen bei Leistungserbringung ein einfacher Eigentumsvorbehalt nachträglich vereinbart werden, so ist dies dann möglich, wenn der Leistungsempfänger oder die für derartige Vereinbarungen zuständige Person damit rechnen mußte und den Vorbehalt auch erkennen konnte. Vgl. dazu BGH NJW 1979, 213 (214); 2199, (2200); 1982, 1749 (1750); 1982, 1951; Ulmer in Ulmer/ Brandner/Hensen aaO § 2 Rdnr. 105 m.w.N.

498) Thamm aaO S. 911 m.w.N.

499) Es sei denn, daß sich nicht übereinstimmende Bestätigungsschreiben zeitlich kreuzen; vgl. BGH BB 1961, 954; BB 1962, 349; oder die übersandten allgemeinen Geschäftsbedingungen erheblich von den dispositiven Regeln oder den allgemeinen Geschäftsbedingungen des Empfängers abweichen, so daß der Verwender nicht mit dessen Einverständnis rechnen darf oder ein arglistiges Verhalten vorliegt; vgl. BGHZ 38, 183 (185); 61, 282 (286 ff.).

trag bis zur Übersendung nicht zustande gekommen war, ein solcher begründet (vertragsbegründende Wirkung), oder, wenn bereits eine mündliche Vereinbarung bestand und das kaufmännische Bestätigungsschreiben von dieser abweicht oder diese ergänzt, diese ursprüngliche durch den Inhalt des kaufmännischen Bestätigungsschreibens ersetzt (vertragsändernde Wirkung)[500]. So heißt es prägnant in einer Entscheidung des BGH: "Das Schweigen auf das Bestätigungsschreiben läßt nicht etwa erst aufgrund einer mit dem Bestätigungsschreiben abgegebenen Erklärung ... einen neuen Vertrag entstehen. Es wird vielmehr nur fingiert, daß ... Willenserklärungen einen Vertrag des Inhalts begründet haben, wie er im Bestätigungsschreiben niedergelegt ist". Das Schweigen des Empfängers gilt als Einverständnis, also als Zustimmung[501]. Damit bekommt das Schweigen eine normative Wirkung insofern, als es die rechtliche Bedeutung der Zustimmung des Empfängers erlangt[502]. Neben diesen möglichen Rechtswirkungen hat

---

499) (Fortsetzung)
Eine Einbeziehung kommt deshalb auch nicht für die Fälle in Betracht, in denen beispielsweise lediglich die Abwehrklauseln der AGB-Verwender sich unterscheiden. Kreuzen sich dagegen individuell gefertigte Bestätigungsschreiben, die sich nur unwesentlich unterscheiden, beispielsweise hinsichtlich eines zusätzlichen Gewährleistungsausschlusses seitens einer Partei, so muß die Empfängerpartei zur Vermeidung der Wirksamkeit einer solchen Klausel widersprechen. Vgl. BGH NJW 1966, 1070 (1071); Schlosser in Schlosser/Coester-Waltjen/Graba aaO § 2 Rdnr. 116

500) Schmidt aaO S. 433; RGZ 54, 176 (179 f.)

5o1) BGHZ 4o, 42 (46); vgl. auch BGHZ 7, 187 (189); 11, 1 (4); 18, 212 (216); 2o,149; BGH WM 1975, 831

5o2) BGHZ 1, 187 (189); 11, 1 (4); 18, 212 (216); 2o, 149 (153); 4o, 42 (46); 54, 236 (24o); Schlegelberger-Hefermehl aaO § 346 Rdnr. 119 f.

jedes kaufmännische Bestätigungsschreiben wenigstens auch eine Beweisfunktion[503].

Eine weitere Ausdehnung hat die Rechtsprechung dadurch erfahren, daß diese Regel nicht nur für den Kaufmann gem. §§ 1 ff. HGB, der ein derartiges Schreiben empfängt, gilt, sondern auf jeden der am Handelsverkehr wie ein Kaufmann oder in sonstigem größeren Umfang teilnimmt[504], Anwendung findet. Es darf damit kein zu strenger Maßstab an dem Begriff des Kaufmanns angelegt werden[505], vielmehr muß jeder Unternehmensträger sich so verhalten, daß der Handel und Warenverkehr nicht unnötig verunsichert oder erschwert wird. Teilweise wird sogar die Auffassung vertreten, die ihre Berechtigung durch vereinzelte Fundstellen in der Rechtsprechung hat, daß auch nichtgewerbliche Unternehmer, wie zum Beispiel Architekten, Rechtsanwälte u. dgl., sich an diesen Rechtssatz vom Bestätigungsschreiben halten müßten[506]. Somit handelt es sich letztendlich um den Ausfluß des sich immer mehr

503) Staub-Ratz aaO § 346 Rdnr. 109

504) Schmidt aaO S. 417 f.; Diederichsen aaO S. 138 Schlegelberger-Hefermehl aaO § 346 Rdnr. 136; dagegen Schmidt-Salzer BB 1971, S. 594; vgl. BGH WM 1975, 831 f.; OLG Köln OLGZ 1974, S. 8

505) Vgl. RG LZ 1920, 755; BGHZ 11, 1 (3); 40, 42 (44); BGH DB 1967, 1362; WM 1973, 1376; OLG Köln OLGZ 1974, 8

506) Schmidt aaO S. 419; BGH WM 1973, 1376 (Architekt); OLG Köln OLGZ 1974, 8 (Architekt); RG JW 1931, 522, 524 (Rechtsanwalt); BGH DB 1957, 1362 (Wirtschaftsprüfer)

durchsetzenden und der Praxis gerechter werdenden Gedankens vom Unternehmensprivatrecht, der die ansonsten möglicherweise schwierige Anpassung und/oder Ergänzung von Gesetzen im HGB, die einen heutigen Erfordernissen nicht mehr gerecht werdenden Regelungsinhalt haben, erleichtert[507].

Das Bedürfnis nach der besonderen Behandlung des kaufmännischen Bestätigungsschreibens soll sich aus den handelsrechtlichen Gepflogenheiten und Gebräuchen ergeben: es werden die wenigsten Geschäfte schriftlich nach längeren Verhandlungen abgeschlossen, sondern statt dessen wird der überwiegende Teil über Telefon, Fernschreiber, Telegramm oder mündlich abgewickelt. Den dergestalt geschlossenen Vertrag soll das kaufmännische Bestätigungsschreiben regelmäßig bestätigen, um so Irrtümer und Mißverständnisse auszuräumen oder zu verhindern.

Aus diesem handelsrechtlichen bzw. wirtschaftlichen Bedürfnis folgt auch der "Norm"-Zweck des Grundsatzes über das kaufmännische Bestätigungsschreiben: es dient mit seiner Klarstellungsfunktion der Beweissicherheit und damit der Verkehrssicherheit[508]. Ferner soll es wegen seiner Anerkennung als Gewohnheitsrechtssatz das Vertrauen des Bestätigenden schützen[509].

---

507) Schmidt aaO S. 417 m.w.N.; siehe zum Meinungsstand in der Literatur Schmidt aaO S. 39 ff.

508) Schmidt aaO S. 415, 428 mit Hinweis auf die möglichen Tatbestandsmerkmale, die die Funktion des kaufmännischen Bestätigungsschreibens vereiteln können. BGHZ 11, 1 (5): "Der Empfänger eines Bestätigungsschreibens, der sich auf das Schreiben nicht erklärt, ist deswegen gebunden, weil Treu und Glauben mit Rücksicht auf die Anschauungen des Verkehrs eine Antwort von ihm erfordert hätten".

509) Canaris-Vertrauenshaftung aaO S. 206 ff.; Diederichsen aaO S. 135 f.; zweifelnd Lieb aaO S. 137

Gleichzeitig ermöglicht es erst die rechtliche Anerkennung dieses Gewohnheitsrechtssatzes, die Schnelligkeit, Leichtigkeit und Sicherheit des Handelsverkehrs zu gewährleisten.

Neben der Einbeziehung von allgemeinen Geschäftsbedingungen durch Schweigen auf ein sie enthaltendes kaufmännisches Bestätigungsschreiben kann eine Einbeziehung dadurch erfolgen, daß entweder ein Handelsbrauch oder eine laufende Geschäftsbeziehung[510)] besteht. Daneben hat noch eine Einbeziehung aufgrund einer Branchenüblichkeit der allgemeinen Geschäftsbedingungen Bedeutung in der Rechtsprechung gewonnen. Kennzeichen aller Fallgruppen ist, daß mit ihrer Hilfe die Begründung der vertraglichen Vereinbarung der allgemeinen Geschäftsbedingungen durch die Parteien gewonnen werden soll, an deren Merkmal der BGH festhält[511)]. Die Einbeziehung der allgemeinen Geschäftsbedingungen beruht also in den folgenden Fällen auf einem zurechenbaren Verhalten des Kunden.

b) Einbeziehung von allgemeinen Geschäftsbedingungen durch laufende Geschäftsbeziehungen

Für eine Einbeziehung der allgemeinen Geschäftsbedingungen aufgrund einer laufenden Geschäftsbeziehung, d.h. einer auf Dauer angelegten kaufmännischen Geschäftsverbindung[512)] besteht bezüglich der Kriterien

---

510) Vgl. dazu die allgemeinen Hinweise bei Schlosser in Schlosser/Coester-Waltjen/Graba aaO § 2 Rdnr. 84

511) BGH NJW 1978, 2243; BGHZ 3, 200 (203); 18, 98 (99)

512) BGH NJW 1978, 2243; BGH WM 1973, 1198 (1199)

im wesentlichen insoweit Einigkeit, als auf diese bei vorherigen Geschäften zumindest stets hingewiesen worden sein mußte[513]. Die allgemeinen Geschäftsbedingungen können bei vorherigen Geschäften entweder ausdrücklich Vertragsbestandteil geworden sein oder der Hinweis kann sich aus Rechnungen[514], Versandanzeigen[515] und anderen Dokumenten, die nach Vertragsschluß übersandt wurden, ergeben; sie erzeugen zwar keine rechtsändernde Wirkung für das Geschäft, in dessen Zusammenhang sie erstellt wurden, sondern lediglich möglicherweise für zukünftige Geschäfte im zuvor genannten Sinne[516]. Nicht ausreichend sind dagegen nur Lieferscheine, da sie ihrer Funktion nach nur untergeordnete Bedeutung haben; sie dienen lediglich zu Prüf- bzw. Kontrollzwecken[517]. Der Inhalt und Charakter der Verträge

---

513) Wolf in Wolf/Horn/Lindacher aaO § 2 Rdnr. 62; vgl. auch Ulmer in Ulmer/Brandner/Hensen aaO § 2 Rdnr. 86; a.A. wohl zumindest zum Teil Schlosser in Schlosser/Coester-Waltjen/Graba aaO § 2 Rdnr. 84 ff. m.w.N., der die Betonung auf ein laufendes Lieferanten- oder sonstiges Leistungserbringungsverhältnis legt. Es soll demgemäß eine sogenannte Rahmenvereinbarung vorliegen. Vgl. auch Staudinger-Schlosser aaO § 2 AGBG Rdnr. 60

514) BGHZ 42, 53 (55); BGH WM 1969, 772; wegen der fehlenden Kaufmannseigenschaft lehnte das LG Tübingen die stillschweigende Einbeziehung von allgemeinen Geschäftsbedingungen aufgrund einer wiederholten, unwidersprochen gebliebenen Bezugnahme in Rechnungen ab (LG Tübingen MDR 1967, 1007; so auch BGH DB 1969, 1053 mit dem Hinweis, daß der Empfänger einer Rechnung nicht mehr mit einer Änderung des Vertragsverhältnisses zu rechnen brauche.

515) BGH NJW 1965, 1324 (1325)

516) Wolf in Wolf/Horn/Lindacher aaO § 2 Rdnr. 69, 62; vgl. auch Müko-Kötz aaO § 2 AGBG Rdnr. 25

517) BGH NJW 1978, 2243 (2244); vgl. auch LG Tübingen NJW 1958, 792

darf sich in seinem Wesen nicht geändert haben. Vielmehr muß sich eine Art "typischer Vertrag" erkennen lassen[518]. Ob diese Kriterien für den streitigen Vertrag vorliegen, bedarf einer sorgfältigen Abwägung einer Reihe von Gesichtspunkten: Art, Umfang, Intensität und Dauer der Beziehung, Verkehrssitte und nicht zuletzt der Grundsatz von Treu und Glauben[519]. So hat sich der BGH beispielsweise gegen eine stillschweigende Einbeziehung bei zu kurzen (acht Verträge in drei Jahren) oder zu unregelmäßigen Geschäftsbeziehungen ausgesprochen[520]. Als Schlußfolgerung daraus ergibt sich, daß die Rechtsprechung eher zurückhaltend einer derartigen Konstruktion gegenübersteht[521].

Zusammenfassend läßt sich aus den aufgestellten Kriterien folgern, daß es für die stillschweigende Unterwerfung darauf ankommt, daß bei dauernder Geschäftsverbindung der Vertragschließende weiß oder zumindest wissen mußte, daß die andere Seite allgemein nur unter Zugrundelegung ihrer Bedingungen abzuschließen bereit ist. Nicht erforderlich ist dann, daß der schweigende Teil den Inhalt der allgemeinen Geschäftsbedingungen kennt[522]. Gleichzeitig beinhaltet diese Gruppe auch

518) Wolf in Wolf/Horn/Lindacher aaO § 2 Rdnr. 62; vgl. auch in BGH WM 1973, 1198 (1200)

519) BGH NJW 1978, 2243; BGH WM 1973, 1198 (1199)

520) BGH WM 1973, 1198 (1200); OLG Hamburg NJW 1980, 1232 (1233)

521) So auch Müko-Kötz aaO § 2 AGBG Rdnr. 25 Fn. 24

522) BGHZ 42, 53 (55); vgl. auch BGH NJW 1978, 2243 (2244), wonach lediglich ein Schweigen über einen längeren Zeitraum die andere Partei zu der hinreichend sicheren Annahme berechtigt, daß der andere Teil auch zukünftig mit den allgemeinen Geschäftsbedingungen einverstanden sei. Vgl. zum Kennenmüssen Müko-Kötz aaO § 2 AGBG Rdnr. 24 m.w.N.

die Hypothese vom stillschweigenden Einverständnis, d.h. dem Vorliegen einer stillschweigenden Willenserklärung[523].

c) Einbeziehung von allgemeinen Geschäftsbedingungen aufgrund Branchenüblichkeit

Weiteres Kennzeichen einer großzügigen Rechtsprechung bezüglich einer stillschweigenden Einbeziehung von allgemeinen Geschäftsbedingungen ist die Möglichkeit, daß diese deswegen als einbezogen gelten, weil sie branchenüblich sind; d.h. die Aufstellung von allgemeinen Geschäftsbedingungen ist als allgemeine Übung bekannt[524]. Dieses Merkmal bedeutet, daß die fraglichen Standardbedingungen allgemein in den betreffenden Geschäftskreisen Anerkennung und Anwendung finden (Verkehrssitte)[525]. Damit wird das notwendige Merkmal des Kennenmüssens für eine Unterwerfung unter die allgemeinen Geschäftsbedingungen von der Recht-

---

523) BGHZ 18, 212; BGH BB 1965, 435; BGHZ 52, 61 (62 f.); OLG Celle BB 1971, 546

524) BGHZ 17 (13); BGH NJW 1968, 1718 (1719); Ulmer in Ulmer/Brandner/Hensen aaO § 2 Rdnr. 83 f. m.w.N. auf die Rechtsprechung und die bisher anerkannten branchenüblichen allgemeinen Geschäftsbedingungen: Rdnr. 85; zu den noch nicht als branchenüblich anerkannten allgemeinen Geschäftsbedingungen s. Wolf in Wolf/Horn/Lindacher aaO § 2 Rdnr. 65; s. insbesondere auch die nach Handelssparten geordnete Darstellung bei Schlosser in Schlosser/Coester-Waltjen/Graba aaO § 2 Rdnr. 105-110; z.B. in bezug auf die allgemeinen Geschäftsbedingungen der Banken vgl. BGH WM 1966, 973

525) Wolf in Wolf/Horn/Lindacher aaO § 2 Rdnr. 63; BGH NJW 1971, 2126 (2127); BGH NJW 1968, 1718 (1719)

sprechung geschaffen. Das alleinige Kennenkönnen wäre nicht ausreichend. Voraussetzung ist dabei, daß der Empfänger zumindest branchenkundig[526] ist und es sich um ein branchentypisches Geschäft handelt, d.h. das fragliche Geschäft muß in einem inhaltlichen Sachzusammenhang mit den infrage stehenden allgemeinen Geschäftsbedingungen liegen[527]. Auf den tatsächlich vorhandenen oder entgegenstehenden Willen des Empfängers kommt es ansonsten nicht an[528]. Die Schwierigkeit liegt nur in der Feststellung der Branchenüblichkeit. Auch in diesem Bereich taucht der Begriff des rechtsgeschäftlichen Handelns immer wieder als Begründungsbestandteil für die Einbeziehung auf[529].

d) Einbeziehung von allgemeinen Geschäftsbedingungen aufgrund Handelsbrauchs

Die in diesem Zusammenhang letzte, wenn auch selten vorkommende[530] Möglichkeit, allgemeine Geschäftsbedingungen ohne ausdrückliche Bezugnahme durch die Parteien als Vertragsinhalt anzusehen, besteht nach der Rechtsprechung dann, wenn die fraglichen Bedingungen einem Handelsbrauch entsprechen. Gesetzliche Grundlage dafür ist § 346 HGB[531].

---

526) BGH NJW 1976, 2075

527) BGH BB 1976, 1386

528) BGHZ 1, 83 (86); BGH NJW 1971, 2126 (2127)

529) Löwe, Graf von Westphalen in Löwe/Trinkner/ Graf von Westphalen aaO § 2 Rdnr. 32

530) Müko-Kötz aaO § 2 AGBG Rdnr. 22

531) "Handelsbräuche ... ersetzen auch eine im Vertrag nicht vorhandene Erklärung (Vervollständigung des Vertragsinhalts; Ausfüllung einer Vertragslücke)"; s. Merkblatt des Deutschen Industrie- und Handelstages (DIHT) für die Feststellung von Handelsbräuchen, 1957, II 2 (1)

Definiert wird dieser schillernde Begriff als tatsächliche, nicht nur vorübergehende Übung, die allgemein von den beteiligten Verkehrskreisen anerkannt wird[532]. Durch solche weiteren unbestimmten Begriffe wird das Institut auch nicht klarer. Allerdings bedeutet der Begriff mehr als Branchenüblichkeit, d.h. die fraglichen allgemeinen Geschäftsbedingungen müssen zumindest branchenübergreifend Gültigkeit erlangt haben[533]. Die in den allgemeinen Geschäftsbedingungen enthaltene Regelung müßte zudem auch ohne ausdrückliche Ausbedingung freiwillig befolgt werden, um die Qualität eines Handelsbrauchs zu erlangen[534]. Wie schon beim kaufmännischen Bestätigungsschreiben gilt diese Regel nicht nur für alle Kaufleute gem. der §§ 1-6 HGB, sondern auch Nichtkaufleute können grundsätzlich dieser Regel unterliegen[535]. In der Dogmatik des deutschen Rechts erlangt der Begriff vom Handelsbrauch insofern eine eigentümliche Bedeutung, als er nicht mehr zu einer rechtsgeschäftlichen Einbeziehung der allgemeinen Geschäftsbedingungen, d.h. vom tatsächlich

---

532) Wolf in Wolf/Horn/Lindacher aaO § 2 Rdnr. 80; Baumbach-Duden-Hopt aaO § 346 Anm. 2 A; RGZ 100, 47 (48); BGH NJW 52, 257; BGH BB 1980, 1552 = DB 1981, 636; zur Frage, welche allgemeinen Geschäftsbedingungen als Handelsbräuche heute anerkannt sind. vgl. Ulmer in Ulmer/Brandner/Hensen aaO § 2 Rdnr. 91; vgl. weiterhin die ausführliche Darstellung bei Schlegelberger-Hefermehl aaO § 346 Rdnr. 1 ff. m.w.N. zum Streitstand.

533) S. Ulmer in Ulmer/Brandner/Hensen aaO § 2 Rdnr. 90; Staudinger-Schlosser aaO § 2 Rdnr. 63 gehen von einer "nahezu ausnahmslosen Verwendung" aus.

534) BGH DB 1981, 636

535) Baumbach-Duden-Hopt aaO § 346 Anm. 1 B; BGH DB 1981, 636

vorhandenen oder fiktiven Willen getragenen Einbeziehung, führt, sondern als eigenständiger, quasi verselbständigter Einbeziehungsgrund erscheint (gesetzliche Einbeziehung)[536]. Ob somit ein Handelsbrauch vorliegt, ist letztendlich eine von den Parteien unabhängige Tatfrage[537].

4. Vergleichende Betrachtung, Analyse und Schlußfolgerungen

Ein Vergleich des anglo-schottischen mit dem deutschen Lösungsansatz hinsichtlich der stillschweigenden Einbeziehung von allgemeinen Geschäftsbedingungen läßt vordergründig als Ergebnis erkennen, daß dort die Rechtsprechung die Lösung im Rahmen der "course of dealing", also der dauernden Geschäftsbeziehung und der "usage", der Branchenüblichkeit sucht, während hier die Rechtsprechung ihre Begründungen um den Begriff des kaufmännischen Bestätigungsschreibens ansiedelt. Hinter solchem vordergründigen Unterschied steht aber in jeder der untersuchten Rechtsordnungen das Problem, daß im heutigen wirtschaftlichen Handelsverkehr allgemeine Geschäftsbedingungen weitgehende Verbreitung gefunden haben, gleichwohl aber nicht immer ausdrücklich zum Vertragsgegenstand gemacht worden sind. Bemerkenswert ist hier allerdings, daß im Gegensatz zu Deutschland dieses Problem erst Mitte der 60er Jahre die anglo-schottischen Gerichte beschäftigte. Gerade die Klippe der fehlenden ausdrücklichen Vereinbarung mußte von den Gerichten beider Staaten umschifft werden, weil diese die geradezu klassische Verteidigung derjenigen Vertragspartei war und ist, die sich nach Vertragsschluß

536) Ulmer in Ulmer/Brandner/Hensen aaO § 2 Rdnr. 90

537) BGH DB 1981, 636 m.w.N.; vgl. § 114 GVG

unerwartet der Berufung der anderen Vertragspartei auf ihre allgemeinen Geschäftsbedingungen ausgesetzt sah und sieht[538].

Die englischen und schottischen Gerichte fanden mit dem Ansatz vom "course of dealing" die Möglichkeit, dem Erfordernis der Kenntnisnahme der allgemeinen Geschäftsbedingungen bei Vertragsschluß Genüge zu tun - wer schon länger mit einem Geschäftspartner Verträge schließt, weiß oder muß wissen, daß dieser regelmäßig seine allgemeinen Geschäftsbedingungen in den Vertrag einbringt. Demgegenüber löst die deutsche Rechtsprechung und Lehre das Problem im Rahmen der Dogmatik vom kaufmännischen Bestätigungsschreiben in erster Linie über die Frage, ob das Schweigen einer Partei eine Willenserklärung ist, ob eine Fiktion einer Willenserklärung vorliegt oder ob eine Zurechnung des Verhaltens über eine Obliegenheitsverletzung/Vertragsverletzung erfolgen muß.

Mit dem Begriff des "course of dealing" gelingt es der anglo-schottischen Rechtsprechung, an ein, von der einzelnen Partei losgelöstes, objektives oder zumindest objektivierbares Kriterium anzuknüpfen. Da der Begriff für sich genommen wegen seiner Unbestimmtheit noch nichtssagend ist, bedurfte er einer näheren Ausfüllung. Diese Ausfüllung eines - um in deutscher Terminologie zu sprechen - unbestimmten Rechtsbegriffes ist den Gerichten weitgehend dadurch gelungen, daß sie

538) Diesen wirtschaftlichen Gegebenheiten Rechnung getragen hat das US-Recht mit section 2-207 des Uniform Commercial Code, das in seiner Ausformung stark dem deutschen Recht mit dem kaufmännischen Bestätigungsschreiben ähnelt.

in ihre Überlegungen die folgenden Kriterien einbezogen haben: a) Die Dauer der Geschäftsbeziehung hinsichtlich der zeitlichen und zahlenmäßigen Komponenten, b) die Gleichwertigkeit der beiden Vertragspartner bei den Vertragsverhandlungen, c) die Üblichkeit der zu inkorporierenden allgemeinen Geschäftsbedingungen in der den Vertrag betreffenden Branche und d) die Frage, daß eine formaljuristische Betrachtung des Vertragspartners als rechtlich eigenständige Firma zu eng sein könne.
Gerade der letzte Punkt zeigt die Realitätsnähe der britischen Entscheidungen. Die Analyse zum Verwenderbegriff der Rechtsprechung in diesem Bereich eröffnet einen Aspekt, der der deutschen Rechtsprechung soweit ersichtlich entgangen ist: Dabei geht es um die Frage, inwieweit ein rechtlich als selbständig einzuordnendes Unternehmen, das aber zu einem Mutterkonzern gehört und in dessen Tätigkeitsbereich arbeitet, sich auf dessen Standardbedingungen berufen kann, wenn der Empfänger mit diesem bereits mehrfach zusammengearbeitet hat. Eine rechtlich gleichwertige Frage taucht dann auf, wenn ein Unternehmen sich nach Begründung einer dauernden Geschäftsbeziehung mit einer Vertragspartei in mehrere eigenständige Firmen aufspaltet und diese ihrerseits ihre allgemeinen Geschäftsbedingungen dem Geschäftspartner nicht bekanntgeben.

Damit wird ein höchst flexibles Netz geschaffen, das es der Rechtsprechung ermöglicht, die allgemeinen Geschäftsbedingungen einer Partei als in einen Vertrag einbezogen zu bewerten. Die Vielzahl der abzuwägenden Kriterien gewährleistet vor allem auch eine dem konkreten Sachverhalt gerecht werdende praxisnahe und sachbezogene Beurteilung. Wenngleich sich juristische Sachverhalte nur schwerlich in mathematischen Kategorien messen lassen, so liegt in bezug auf diese

Lösungen ein derartiger Versuch insofern nahe, als die für die Einbeziehung zu berücksichtigenden Kriterien immer eine gewisse Summe im Sinne einer Wertigkeit erreichen müssen: je länger die Geschäftsbeziehung dauert, umso ungleichwertiger können die Vertragspartner oder unüblicher können die Bedingungen sein - und vice versa.

Allerdings findet diese weitgehende Flexibilität ihre Grenze bei dem Versuch, allgemeine Geschäftsbedingungen bei einem einzigen Vertrag ohne vorherige Bekanntgabe zu inkorporieren. In diesem Punkt ist das deutsche Recht mit seiner Dogmatik vom kaufmännischen Bestätigungsschreiben großzügiger, da das Schweigen auf ein solches Schreiben selbst bei einmaligem Geschäftsabschluß zur Einbeziehung führen kann. Darüber hinaus ist eine derartige Einbeziehung selbst bei einmaligem geschäftlichen Kontakt nach deutschem Recht dann möglich, wenn sich auf dem infrage stehenden Geschäftssektor ein Handelsbrauch oder eine Branchenüblichkeit im Hinblick auf die allgemeinen Geschäftsbedingungen feststellen lassen.

Alle Dokumente im Sinne einer "confirmation note", "sold note" etc. stellen somit keinen eigenständigen Einbeziehungsgrund für allgemeine Geschäftsbedingungen dar, auch wenn sich eine solche Funktion aufgrund der Sinnverwandtschaft einer Übersetzung mit dem deutschen Rechtsinstitut vom kaufmännischen Bestätigungsschreiben aufdrängte. Vielmehr kommt den "confirmation notes" lediglich eine hervorragende Bedeutung im Prozeß für die Frage zu, ob eine länger andauernde Geschäftsbeziehung zwischen den Parteien bestanden hat. Insofern liegt eine Ähnlichkeit mit dem kaufmännischen Bestätigungsschreiben insoweit vor, als dieses den Inhalt eines mündlich geschlossenen Vertrages richtig wiedergibt und so als Beweismittel dient.

Im Vergleich mit der anglo-schottischen Rechtsprechung müssen die Entscheidungen deutscher Gerichte aufgrund der Fallgruppenbildung eher als zu statisch und unflexibel angesehen werden, so daß einige Fallkonstellationen wohl nicht den wirtschaftlichen Bedürfnissen und Gegebenheiten entsprechend entschieden werden dürften. Birgt beispielsweise ein Rechtsstreit mehrere Elemente in sich, ohne damit jedoch das Kriterium einer von der Rechtsprechung aufgestellten Fallgruppe zu erfüllen, so ist die zur Entscheidung berufene Instanz gehalten, eine Einbeziehung der allgemeinen Geschäftsbedingungen aufgrund stillschweigenden Verhaltens zu verneinen. Indiz für diese Haltung der Rechtsprechung ist die Tatsache, daß sich bis auf vereinzelt gebliebene Entscheidungen nur solche finden lassen, in denen eine Einbeziehung von allgemeinen Geschäftsbedingungen deshalb bejaht wurde, weil das Gericht den infrage stehenden Sachverhalt einer der obengenannten Gruppen eindeutig zuordnen konnte; somit war ein Eingehen auf weitere Gesichtspunkte oder das Herstellen einer Verbindung von mehreren Kriterien und eine Abwägung verzichtbar. Es findet sich allenfalls noch eine Entscheidung, in der die Merkmale der "Branchenüblichkeit" und des "Handelsbrauchs" ohne scharfe Trennungslinie verwendet werden[539]. So heißt es z.B.

---

539) Auf diesen Umstand hat 1967 schon Schmidt-Salzer-AGB aaO S. 132 ff. hingewiesen.

in einem Urteil[540]: "Handelsbräuche können auch für Nichtkaufleute von Bedeutung sein, wenn der Nichtkaufmann - ... - ständig Geschäfte in einem Handelszweig mit Kaufleuten tätigt und sie in der Weise abschließt, wie es in Branchenkreisen üblich ist". An anderer Stelle heißt es[541]: "Der Sinn der Ausführungen des Berufungsgerichts ist vielmehr, wegen der Branchenüblichkeit der Eigentumsvorbehaltsklausel sei sie nach der Lebenserfahrung auch in den Geschäftsbedingungen der Lieferfirmen enthalten gewesen". Diese Entscheidung hätte an sich ein Beispiel der Einbeziehung von allgemeinen Geschäftsbedingungen aufgrund eines Handelsbrauchs sein können, da unabhängig von einer konkreten Branche eine Vertragspartei sich bei Lieferung ihrer Ware das Eigentum bis zur endgültigen Bezahlung regelmäßig vorbehält. Insofern kann man den Schluß ziehen, daß der BGH den branchenübergreifenden Charakter mit dem Wort "Lebenserfahrung" verschleiert, da er an die Feststellung einer Branchenüblichkeit in der Tatsacheninstanz gebunden ist (Tatfrage). Ein weiteres Beispiel der oben angedeuteten Linie ist das BGH-Urteil vom 28.5.1973 - VII ZR 143/72, wo zwar angedeutet wird, daß eine Einbeziehung der in Streit stehenden allgemeinen Geschäftsbedingungen über die Grundsätze der Branchenüblichkeit denkbar gewesen wäre, dies jedoch mangels Parteivortrages bezüglich dieser Tatsache scheitern mußte. Daneben scheiterte eine Einbeziehung aufgrund des Merkmals der Dauer der Geschäftsbeziehung an der Kürze des geschäftlichen Kontaktes - letztlich der einzige Grund für die Klageabweisung[542]. Es ist anzunehmen, daß gerade im

540) BGH DB 1981, 636

541) BGH NJW 1964, 1788 (1789)

542) BGH DB 1973, 1393

letzten Fall ein englisches oder schottisches Gericht zu einer Inkorporation der Geschäftsbedingungen gelangt wäre, weil a) beide Geschäftspartner auf dem gleichen Sektor tätig waren, b) keine wirtschaftliche Dominanz bei einem vorlag, c) die allgemeinen Geschäftsbedingungen für den Geschäftszweig nicht ungewöhnlich zu sein scheinen (Hinweis auf die Branchenüblichkeit) und d) die Parteien schon öfter miteinander Verträge abgewickelt hatten.

Der Mangel an einer dynamischen, flexiblen Behandlung der Problematik der stillschweigenden Einbeziehung von allgemeinen Geschäftsbedingungen zeigt sich auch, wenn man beispielsweise die Kriterien von der "dauernden Geschäftsbeziehung" oder "Branchenüblichkeit" für sich allein betrachtet: erst eine objektiv lange Dauer einer Geschäftsverbindung bzw. eine objektiv feststellbare überwiegende Verwendung veranlaßt die Gerichte dazu, diese Merkmale als Einbeziehungsgrund anzusehen. Andererseits tauchen bei der Frage, wie derartige Merkmale objektiv feststellbar sind, methodische und praktische Probleme[543] auf; so zeigt der Begriff des Handelsbrauchs, daß die Gerichte entgegen der Prämisse in § 114 GVG regelmäßig überfordert sein dürften, wenn es um die Frage geht, ob ein Handelsbrauch vorliegt oder nicht; sie werden dann auf ein Sachverständigengutachten als Beweismittel zurückgreifen müssen[544],

543) Vgl. auch Gallois aaO S. 1312

544) Vgl. dazu Schlegelberger-Hefermehl aaO § 346 Rdnr. 17 f. mit den Hinweisen zur Feststellung eines Handelsbrauchs durch den DIHT; Böshagen aaO S. 696

um diese Tatfrage[545)] zu klären.

Insgesamt erweckt die Rechtsprechung den Eindruck, die Merkmale stünden systemlos und unabhängig nebeneinander und könnten nicht miteinander in Beziehung gesetzt werden. Dabei zeigt sich die Notwendigkeit einer größeren Beweglichkeit gerade im klassischen Handelsrecht u.a. in dem Bemühen der Gerichte, die Anwendung der Lehre vom kaufmännischen Bestätigungsschreiben auf einen über den strengen Kaufmannsbegriff hinausgehenden Personenkreis auszudehnen, um so den heutigen wirtschaftlichen Erfordernissen Rechnung zu tragen[546)].

Abschließend bedarf es einer Erörterung, ob nicht die deutsche Behandlung der stillschweigenden Einbeziehung von allgemeinen Geschäftsbedingungen bzw. des kaufmännischen Bestätigungsschreibens im Rahmen einer gesetzlichen Regelung den einen oder anderen praktischen Ansatz aus der Analyse des anglo-schottischen Rechts für sich nutzbar machen kann und/oder sollte.

Wenngleich eine von der Rechtsprechung geschaffene Fallgruppenbildung grundsätzlich zunächst begrüßenswert und vorteilhaft deshalb erscheint, weil damit eine gewisse Rechtssicherheit und Stabilität geschaffen wird, so birgt sie auf der anderen Seite die Gefahr und den damit verbundenen Nachteil in sich, daß Lebenssachverhalte, die aus dem juristischen Denk-

---

545) BGH DB 1981, 636 m.w.N.; BGH NJW 66, 5o2 (5o3) (Nicht zuletzt deswegen dürften die Gutachten der IHK keiner revisionsrechtlichen Überprüfung unterworfen sein; wie häufig Tatsacheninstanzen derartige Gutachten einholen, ist nicht überprüfbar.)

546) BGH WM 1973, 1376; OLG Köln OLGZ 1974, 8; RG JW 1931, 522 (524); BGH DB 1967, 1362

schema, das der Fallgruppenbildung zugrunde liegt, fallen, nicht sachgerecht von der Justiz behandelt werden. Daß dies besonders leicht auf dem Gebiet des einem stetigen Wandel unterliegenden Handels- und Wirtschaftsrecht möglich sein kann, dürfte auf der Hand liegen.

Vor diesem Hintergrund gewährleistet die anglo-schottische Lösung mit ihrer flexiblen Gewichtung der verschiedenen in Betracht kommenden Kriterien, daß der Handel und Warenverkehr im Bereich eines nicht nur einmaligen Geschäftsabschlusses nicht zu den wirtschaftlich unvernünftigen bzw. unpraktischen wiederholten Bekanntgaben bzw. Verhandlungen der Standardbedingungen greifen muß. Insofern findet einerseits keine Behinderung des flüssigen, schnellen und unkomplizierten Geschäftsabschlusses statt. Andererseits bietet die anglo-schottische Lösung insofern einen überdenkenswerten positiven Aspekt, als bei einmaliger oder kurzfristiger Geschäftsbeziehung der Empfänger der allgemeinen Geschäftsbedingungen nicht vom Verwender überrascht werden kann, wie es beispielsweise nach deutschem Recht durch die Verwendung des kaufmännischen Bestätigungsschreibens geschehen kann.

Während beide Rechtsordnungen den Grund für die Möglichkeit der stillschweigenden Einbeziehung in dem Kennenmüssen auf Seiten des Empfängers sehen[547], d.h. aufgrund vorheriger Tatsachen muß sich der Empfänger behandeln lassen, als habe er von dem Inhalt der Standardbedingungen Kenntnis gehabt, wird nur in der

547) Für das deutsche Recht siehe beispielsweise Ulmer in Ulmer/Brandner/Hensen aaO § 2 Rdnr. 8; Müko-Kötz aaO § 2 AGBG Rdnr. 24

anglo-schottischen Spruchpraxis gewährleistet, daß mehrere Ereignisse bzw. Sachverhaltsmerkmale zu der tatsächlichen Möglichkeit der Kenntnisnahme führen. Der Empfänger von allgemeinen Geschäftsbedingungen steht demzufolge insoweit unter einem größeren Schutz vor der einseitigen und möglicherweise ungewollten Einbeziehung von Standardbedingungen.

Als Folgerung aus den obigen Ausführungen ergibt sich, daß statt der bisherigen Fallgruppen in das Handelsgesetzbuch eine Norm aufgenommen werden könnte und sollte, die die von der englischen/schottischen Rechtsprechung entwickelten Kriterien von Dauer und Art der Geschäftsbeziehung, Geschäftserfahrenheit, Branchenüblichkeit etc. bei der Frage nach der stillschweigenden Einbeziehung von allgemeinen Geschäftsbedingungen berücksichtigt.

Von diesem Komplex zu trennen ist die Frage, ob die rechtliche Behandlung bezüglich des kaufmännischen Bestätigungsschreibens aufrechterhalten bleiben sollte, da die stillschweigende Einbeziehung von allgemeinen Geschäftsbedingungen nur einen Teilaspekt der rechtlichen Wirkungen eines solchen Dokuments ausmacht. Denkbar sind daneben auch die individuell auf einen Vertrag zugeschnittenen Klauseln, die unbeantwortet bleiben. Für eine Aufgabe der bisher geübten weitreichenden Praxis zum kaufmännischen Bestätigungsschreiben könnte allein die Tatsache sprechen, daß neben der Schweiz nur noch die Bundesrepublik eine derartige hervorragende Bedeutung dem Schweigen auf ein solches Dokument zubilligt[548]. Dem steht entgegen, daß die

---

548) Vgl. dazu, insbesondere auch zur Abkehr Österreichs, das zuvor insofern eine gleichförmige Rechtsprechung hatte: Klang/Gschnitzer-Wahle aaO § 1047 S. 37 f.; Ebenroth aaO S. 162 m.w.N.; vgl. aber auch für die USA section 2-207 UCC.

Regeln über das Bestätigungsschreiben, die zugegebenermaßen ihren Ursprung in Handelsgewohnheit und Handelssitte haben, heute durch die Rechtsprechung vom Reichsgericht und Bundesgerichtshof zu objektivem Recht geworden sind, d.h. daß das Schweigen auf ein solches Schreiben kraft Gewohnheitsrechts zur Bindung an dessen Inhalt führt[549]. Da die beteiligten Geschäftskreise auf dieser Basis weitgehend ihre Verträge abwickeln, gebietet es der Vertrauensgrundsatz und die Rechtssicherheit, keine Einschränkung an diesem Institut vorzunehmen. Aufgrund der hervorragenden Bedeutung, die das kaufmännische Bestätigungsschreiben bei der Einbeziehung von allgemeinen Geschäftsbedingungen erfahren hat, könnte man insoweit bei einer gesetzlichen Normierung an einen klarstellenden Hinweis denken. Es sollte daher folgende Norm in das Handelsgesetzbuch als § 346 a HGB übernommen oder als Ergänzung in § 346 HGB hinzugefügt werden.

Regelungsvorschlag:

Die allgemeinen Geschäftsbedingungen eines Kaufmanns oder eines am Geschäftsleben wie ein Kaufmann Teilnehmenden werden Bestandteil eines Vertrages, wenn der Empfänger sie ausdrücklich angenommen hat oder wegen der Art und Dauer der Geschäftsbeziehung, der Geschäftserfahrenheit,

549) Flume AT aaO § 36/2; Schmidt aaO S. 414, der dazu prägnant ausführt: "Über die Einschränkung oder Fortbildung dieses Rechtssatzes im einzelnen kann gestritten werden, über seine prinzipielle Verbindlichkeit nicht".

der Branchenüblichkeit und des Handelsbrauchs kannte oder sie ihm bei Abwägung nach Treu und Glauben bekannt sein mußten. Davon unberührt bleibt die Einbeziehung von Bedingungen aufgrund eines Schweigens auf ein sie enthaltendes kaufmännisches Bestätigungsschreiben. Empfänger ist jeder Kaufmann im Sinne dieses Gesetzbuches sowie jeder im größeren Umfang am Geschäftsleben wie ein Kaufmann Teilnehmende. Sonstige gesetzliche Vorschriften bleiben unberührt.

G. Gesamtergebnis

Neben den im Laufe der Untersuchung dargestellten Einzelergebnissen zu den verschiedenen Konstellationen, in denen das Schweigen als Verhalten rechtlich Bedeutung gewonnen hat, soll im folgenden eine Gesamtschau der Analyse erstellt und die die Teilbereiche übergreifenden Aspekte entwickelt werden.

Diese von den Einzelproblemen und -ergebnissen losgelöste Betrachtung führt zu dem Schluß, daß die eingangs geäußerte Vermutung hinsichtlich der Eigenschaft des schottischen Rechts als Bindeglied zwischen englischem und deutschem Recht sich nicht bestätigt hat. Vielmehr muß auch auf diesem Gebiet festgestellt werden, daß das englische Recht - bis auf graduelle Abweichungen - die rechtliche Bewertung des Schweigens, des Untätigseins im schottischen Vertragsrecht bestimmt; die schottischen Präzedenzien liegen auf einer Linie mit den englischen Entscheidungen, so daß sich signifikante Unterschiede nicht ergeben. Es hat insoweit über die Dominanz der englischen Instanzgerichte eine Assimilierung des schottischen Rechts stattgefunden[550)]. Insgesamt ist daher die rechtliche Bewertung des Schweigens als rechtserhebliches Verhalten im

550) Vgl. zu diesen zum Teil für das schottische Rechtssystem allgemein unerwünschte Phänomen: Walker-Oxford aaO S. 1111 f., der in den Sätzen gipfelt: "The future of Scots law is problematical; it is difficult for a system to survive within a country, when ultimate appeal lies in a predominantly English body... Scotland in everything is dragged at the heels of England, and neglected and ignored, and it is not surprising that some Scots look with envy at Ireland, which threw off the English yoke; ...".

Vertragsrecht heute als homogenes "britisches" Recht zu begreifen.

Daneben zeigt der Vergleich, daß das britische Recht in viel weitgehenderem Maße Zurückhaltung bei der rechtlichen Bewertung des Schweigens, sei es positiver oder negativer Art, übt. Der Grund dafür dürfte darin zu suchen sein, daß dem anglo-schottischen Recht gesetzliche Normen oder ungeschriebene Rechtssätze unbekannt geblieben sind, aufgrund derer das Verhalten einer Vertragspartei im Falle des Fehlens einer ausdrücklichen Willenserklärung deshalb einer rechtlichen Bewertung positiver oder negativer Art bedarf, weil ansonsten ein bereits existierendes Rechtsverhältnis gleichwohl die sich daraus ergebenden Rechte und Pflichten der Parteien nicht endgültig zu regeln vermag. Dieser nach deutschem Recht, vor allem in Gesetzen ihren Ursprung findende Regelungsbedarf machte es erforderlich, daß sich hier die Lehre und Rechtsprechung mit dem Wesen einer Willenserklärung auseinandersetzte und die Frage löste, wie das Schweigen als dessen Antipode in Fällen, wo es auf eine derartige Willensäußerung ankommt - zu nennen sind hier insbesondere die Konstellationen der schwebenden Unwirksamkeit bzw. der Fiktion -, rechtlich zu behandeln sei. Insoweit ist es also in erster Linie der sich um die Begriffe von Treu und Glauben und der Willenserklärung bewegenden dogmatischen Aufarbeitung zu verdanken, daß das passive Verhalten, das Schweigen einer Vertragspartei an zahlreichen Stellen eben nicht mehr nur als rechtliches "nullum", sondern als rechtlich erhebliches Verhalten einer Partei behandelt werden kann. Die so feststellbare Akzeptanz der rechtlichen Bewertung des Schweigens findet nicht zuletzt unter anderem Ausdruck in dem Paradox vom "beredten Schweigen". Zwar läßt sich aus der Bearbeitung dieses Fragenkomplexes im deutschen Recht konstatieren, daß sich die gefundenen Ergebnisse in concreto im Rahmen des Gesamtsystems von Willenserklärung und Rechtsgeschäft bewegen, so daß man insofern nicht davon sprechen kann, daß eine Prinzipienuntreue bezüglich der Systematik des Vertragsrechts vorliegt; gleichwohl ergibt sich, daß das anglo-schottische Recht in bezug auf die Behandlung des Schweigens im Vertragsverhältnis strenger vorgeht und eher seiner grundsätzlichen Bewertung als rechtliches "nullum" treu bleibt. Während also das anglo-schottische Recht für die betroffenen Vertragsparteien in diesem Punkt eindeutiger und einfacher in der Anwendung und Beachtung erscheinen muß, führt die zum Teil weite und großzügige Ausdehnung der positiven wie negativen Beurteilung des Schweigens für einen Betroffenen zu einer Art schwer zu überblickenden Ausuferung nach deutschem Recht. Sie zurückzudrängen oder gar rückgängig zu machen, ist ohne gesetzgeberische Initiative angesichts der Vielzahl der die rechtliche Bewertung erfordernden Normen nicht möglich.

Damit muß auf vielen Gebieten ein Vertragspartner - unterschiedslos ob es sich um einen privaten oder kaufmännischen handelt - damit rechnen, daß sein Schweigen oder sonstiges Untätigbleiben sich irgendwie auf das Vertragsverhältnis auswirkt. Ein Satz dergestalt, daß im deutschen Recht das Schweigen regelmäßig ein rechtliches nullum ist, ist angesichts der Rechtswirklichkeit irreführend. Tendenziell dürfte heute eher das Gegenteil der Fall sein. Für den am Rechtsleben Teilnehmenden wird die Position noch dadurch ungünstiger, daß es neben negativen auch positive Fiktionen oder neben der Entstehung von Rechten auch Verluste von Ansprüchen gibt, so daß insgesamt im deutschen Recht die rechtliche Bewertung des Schweigens wenig Rechtssicherheit und -klarheit erzeugt.

Dagegen ist auf den Gebieten, in denen es keiner Gesetzesänderung bedarf, eher an eine Zurückdrängung der Bewertung des Schweigens als rechtserhebliches Verhalten zu denken. Insbesondere auf dem Gebiet der Aufklärungspflichten - also den Fragenkomplex um die c.i.c. - könnte eine Restriktion über die Gerichte leichter erreichbar sein. Eine Rückkehr zum Grundsatz des "caveat emptor", d.h. zum eigenverantwortlichen, mehr auf dem Interessengegensatz basierende Vertragskonzeption wäre die Folge; dem Vertrag als Ausdruck des Kompromisses widerstreitender Interessen würde damit mehr Geltung verschafft. Verbunden damit wäre eine Zurückdrängung der Anwendung des Grundsatzes von Treu und Glauben, der in zahlreichen Entscheidungen doch überstrapaziert erscheint. Für eine solche Zurückdrängung der rechtlichen Bewertung des Schweigens spricht unter anderem auch die sozio-technische Realität der Fülle von Kommunikations- und Informationstechniken, die eine immer schnellere Aufklärung, Feststellung von Absichten und Willen etc. ermöglichen. Diese Realität erlangt im Hinblick auf die in den Urteilen zu findenden Begründungen über die Leichtigkeit und die Bedürfnisse des Handelsverkehrs einen besonderen Stellenwert, weil ihnen damit die eigentliche Grundlage entzogen wird. Es besteht nicht mehr die Notwendigkeit, dem Schweigen auf ein einmaliges bzw. erstes kaufmännisches Bestätigungsschreiben die Bedeutung einer Zustimmung beizumessen.

Auf der anderen Seite läßt sich im britischen Recht im Hinblick auf die Einbeziehung auf allgemeine Geschäftsbedingungen eine Entwicklung beobachten, die zur Einbeziehung ohne jeweils ausdrückliche Bekanntgabe oder Hinweis führt. Insofern bildet das Verkehrsinteresse des Handels- und Warenverkehrs die Grenze zu der oben erwähnten starren Beachtung des sonstigen allgemeinen Ordnungsinteresses und führt zu dessen einziger Einschränkung. Wenngleich die dafür erstellten Kriterien im Verhältnis zum deutschen Recht sehr viel flexibler und den wirtschaftlichen Gegebenheiten entsprechend angewendet werden, so läßt sich insgesamt insoweit eine Harmonisierung der rechtlichen Bewertung des wirtschaftlichen Verhaltens feststellen.